人生が変わる

顔を洗うだけの
銀座の小さなサロンが
14万人の肌をきれいにした
シンプルな方法

洗顔

米澤房昭
Fusaaki Yonezawa

講談社

はじめに

美肌への道はコツコツと丁寧に洗うことのみ。決して近道はありません——。

いきなりガッカリするようなことをお伝えしてしまい申し訳ありませんが、これは私が洗顔に特化したサロンを開設してから43年、多くの方の顔を洗い続けてきて痛感していることです。

私が〝肌〟というものを意識するようになったのは、もう50年以上も前。まだ会社員をしていた頃です。勤めていた会社が化粧品の輸入販売を始めたことで、メイクアップアーティストというお仕事の方と接するようになり、「**よいメイクをするにはよい**

肌が必要だ」と聞かされたのです。当時はそういった考え方は浸透していませんでしたが、「たしかにその通りだ」と思った私は、肌の理論について勉強し、肌ケアを追求したサロンを開設することにしたのです。

そこで多くの方の肌をマッサージしていたのですが、ある頃から、どうも様子が違ってきました。自分の指のタッチとお客様の肌が合わなくなってきた、と言いましょうか。実際、それまでお客様が訴えられる肌悩みのほとんどは、乾燥かシワでした。それが気づけば、たるみや毛穴の開きを訴えられる方が、同じくらいにまで増えていたのです。しかも、以前だったら肌トラブルとは無縁のような元気な肌質の方までもが、そういった悩みを訴えてこられるようになっていたのです。

そこで私は、お客様がおこなっているケアをお尋ねし、分析を始めました。その結果、「どう考えても原因はこれしかない」というものにたどり着いたのですが、それは当時の美容の常識とは正反対とされるものでしたので、私自身も半信半疑でした。というのも私がたどり着いた原因は、〝**栄養過多**〟だったからです。皆さん、クリームや美容液をつけることによって、余計な栄養が肌に溜まってしまい、たるみや毛穴の開き、吹き出物といった新たなトラブルに悩まされるようになっていたのです。いわゆる、**肌メタボ**ですね。同時に、以前から多かった乾燥やシワといった悩みですら、その根本的な原因は栄養が足りていないことではなく、**つけた化粧品が邪魔をして角質が生まれ変わらなくなっている**、ということに変わっていたのですから、私がタッチに違和感を覚え始めたのも当然でした。

そこから私は、**〝落とすこと〟に特化したクレンジングマッサージ**を追求し始めました。ですが、これが大変難しかった……。しっかり落とそうとすると肌を傷めてしまいますし、やさしくしすぎても汚れが落ちません。根気強く、一人一人の肌状態を感じ取りながら、それぞれに対応したマッサージをおこなっているうちに、徐々にそのタッチもマッサージ時間も変わっていき、ようやく今の、「**皮膚がほとんど動かないぐらいの〝究極のソフトタッチ〟で15分間クレンジングマッサージをおこなう**」という米澤式健顔の手法にたどり着いたのです。

肌表面には、不要な角質や残ったメイクなど、様々なものが積もっています。そういった余計なものを取ると、その下はちゃんとうるおっているのです。そのうるおいは、肌が本来持つ水分や細胞間脂質、ＮＭＦ（天然保湿因子）などであると言われていますが、それ以上に私は、表面の汚れを取ると肌が乾かないという現象が確かにある、と実体験をもって確信するに至りました。

開設から43年。今でこそ私のサロンには多くのお客様が足を運んでくださっていますが、開設当初は、なかなか世の中に受け入れてもらえませんでした。それも当然で、美容液やクリームのつけすぎが肌トラブルを引き起こしている、という私の理論は、当時の美容事情と真っ向から対立するものでしたから。もちろん今も肌に栄養を足すというケアは根強い人気がありますが、一方で、そういったケアを散々おこなった挙げ句、**「本当は落とすことが大事なのでは」と疑問を抱き始めた人が増えてきたのでしょう**。肌に詳しい方や、たくさんの肌ケアを試された方ほど、私の理論に共感してくれましたし、長く続けてくださっています。

〝米澤式健顔〟は、特別なことはまったくしていません。ただ丁寧に洗って、肌の新陳代謝を促すことで、肌本来が持つ力を引き出すという、非常にシンプルなものです。

それゆえトラブルによっては、解消するまでに長い時間がかかることもあります。時にはそれは、年単位になることも。それでも続けている方は、乾燥もたるみもニキビもシミもシワも、そして毛穴の開きや大顔、アトピーまでも、その悩みが改善していらっしゃいます。

肌は、その人の人生を左右するものです。私は長年、肌が原因で深く悩まれている方を多く見てきましたが、肌に自信が持てるということは、皆さんが思っていらっしゃる以上に幸せなことだと感じています。そこでこのたび、肌が変わることでどれほど人生が変わるか知っていただきたく、肌トラブル別に、人生が変わったエピソードをご紹介する本を上梓させていただきました。読んでくださった方が、〝私も変われるかも〟と思ってくださったら嬉しく思います。また、私が実際にサロンでおこなっている〝米澤式健顔〟のやり方についても、詳しく解説しておりますので、ぜひご自宅でもおこなってみてください。

肌トラブルを抱えられている方は、きっと改善されると思いますし、肌が綺麗な方は今よりもっと綺麗になれると思います。なぜなら肌は、自分で美しくなる力を持っているのですから。

CONTENTS

第1章 米澤式健顔とは

第2章 乾燥肌

第3章 たるみ肌

第4章 シワ肌

第5章 毛穴肌

第6章 シミ肌

第7章 大顔

第8章 ニキビ肌

第9章 アトピー肌

第10章 健顔のやり方

この本に出てくる 肌断面図について

●一般的な肌断面図

肌細胞は「基底層」といわれる部分で作られ、その上の「有棘層」→「顆粒層」→「角質層」へと押し上げられていき、最後は死んだ細胞となって剥がれていきます。そのため肌の断面は、下図のように表示されることが一般的です。

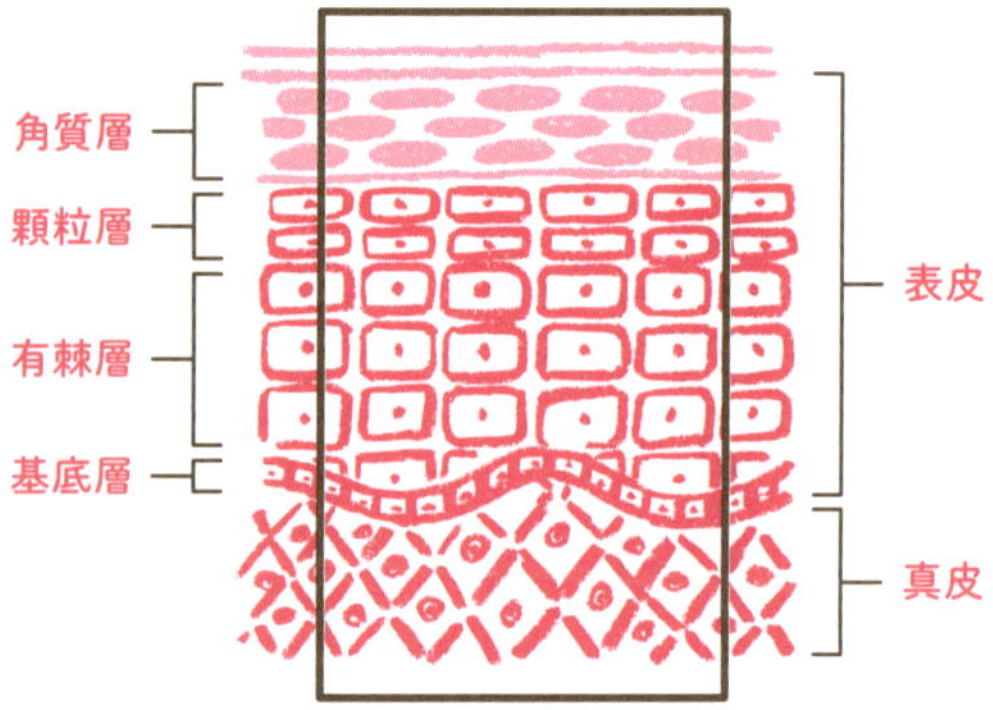

米澤式健顔は角質層にのみ働きかけるものですので、上図のように、角質層とそれ以下の部分、という略図で解説しております。

人生が変わる洗顔

第1章

米澤式健顔とは

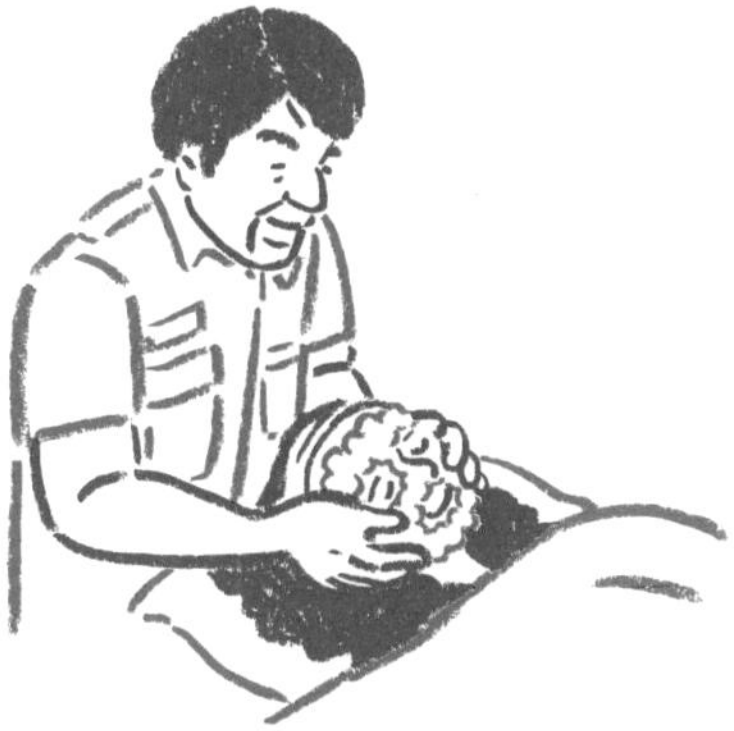

普通の洗顔と米澤式健顔はどう違うの？
そのやり方と、なぜ肌が変わっていくのか、
概要を解説します！

やさしくやさしく洗うのが特徴

まず、米澤式健顔の流れについて簡単にご説明したいと思います。

米澤式健顔は、クレンジングクリームを顔全体にのばし、やさしくやさしくマッサージした後、ぬるま湯でしっかり洗い流し、その後、洗顔料でさっと、本当にさっと洗います。その後は化粧水とごく少量の乳液をつけるだけ。肌状態や季節によっては、乳液すららなくなります。なぜなら洗顔できちんと汚れを落とせば、肌は自分でうるおう力を発揮できるようになるから。美容液やクリームなどでさらに保湿する必要はないのです。

そしてもう一点。マッサージをおこなう時間ですが、まずは2〜3分から始めてください。そしてきちんとおこなえるようになったら、徐々に時間を長くしていき、最終的には約10〜15分間おこなうことを目指してほしいと思います。

こう聞くと、「えっ、そんなに長い時間マッサージをして肌を傷めないの!?」と思われることでしょう。これが米澤式健顔と普通の洗顔の違いになるのですが、**マッサージは、皮膚が動かないぐらいの「究極のソフトタッチ」でおこないます**。詳細なやり方は第10章で解説いたしますが、このソフトタッチにより、肌を傷めることなくマッサージができるのです。

ただ、「やさしく、やさしく」と意識しても、皆さん、最初はどうしても頑張ってしまい、圧が強くなりがちです。それゆえ最初は、むしろ2~3分にとどめる、ということが必要なのです。2~3分でも普通の洗顔に比べれば、充分に成果は出ますから心配しないでくださいね。

米澤式健顔とは不要な角質を取る洗顔法

しかしいくら肌を傷めないとしても、「なぜ長めのクレンジングが必要なの?」という疑問が残りますよね。クレンジングマッサージを始めてしばらくすると、どのような現象が起きると思われますか? 数分すると、大抵の方が、古い角質が浮いて取れ始めます。これは普段のクレンジング剤をなじませるだけの簡単なマッサージでは起きない現象。長めにおこなうことで、次第に古い角質がゆるみ、肌から剥がれていくからです。**普通のクレンジングが主にメイクを落とすためのものであるのに対して、米澤式健顔はメイクと古い角質の両方を落とすことを目的としている**のです。

肌の表面が角質層で覆われていることは、皆さん、耳にしたことがあるかと思います。角質も細胞ですから、どんどん生まれ変わっています。肌が元気ならば、上のほうにある古い角質は垢となって自然と剥がれていき、下からフレッシュな角質が顔を出すのですが、残念ながら現代は、若く代謝が活発な人でも保湿剤のつけすぎなどから古い角質が落ちず、それが原因となって様々な肌トラブルを抱えています。そこで肌に積もってしまっている**古い角質をしっかり落としフレッシュな角質が顔を出せるようにする――、そのお手伝いをする洗顔法が米澤式健顔**、というわけなのです。

ですから米澤式健顔では、どんな肌トラブルに対しても、**治すためのアプローチはただ一つ**です。もちろん、治るメカニズムはそれぞれに違いますので、それについては第2章以降で詳しく解説いたしますが、基本はただ丁寧に洗顔をおこなう、これのみ。そうして肌が本来持つ力を引き出し、自力で改善していこうというものです。それゆえトラブルによっては、改善がみられるようになるまで長い時間がかかる場合も多くあります。それでも諦めずに続けられた方は、皆さん、確実に以前の肌よりよい状態になっていらっしゃいます。乾燥肌の方もニキビ肌の方もたるみ肌の方も、ひどいアトピー肌の方も……。**継続は力なり**。それが米澤式健顔の基本でもあるのです。

トラブルが起きる肌

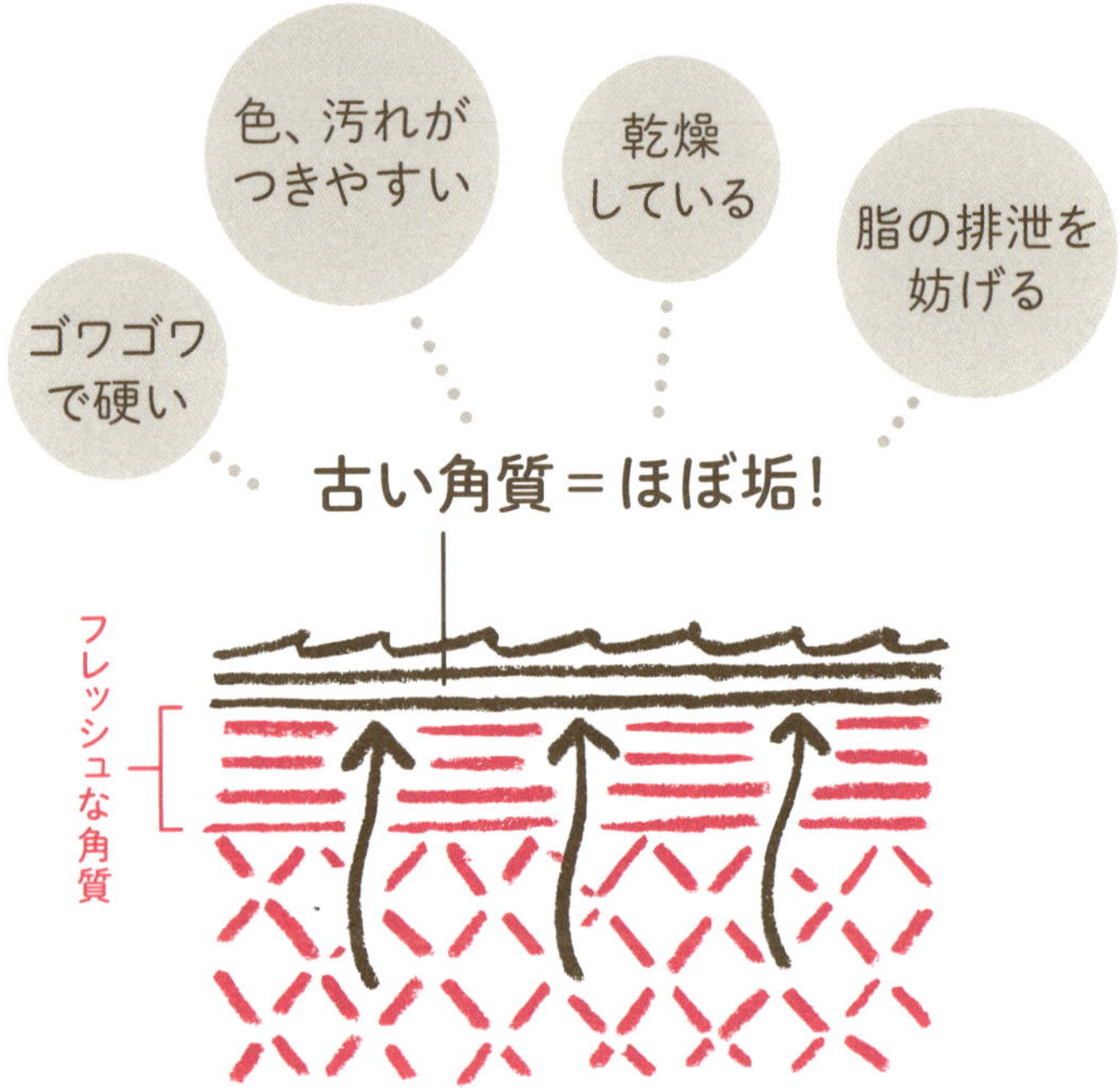

古い角質が
表面に残っているので……

・乾燥しやすくシワになりやすい
・くすみやすく、毛穴が黒ずみやすい
・ニキビ、アトピーが治りにくい
・ターンオーバーが遅い

米澤式健顔が目指す健康な肌

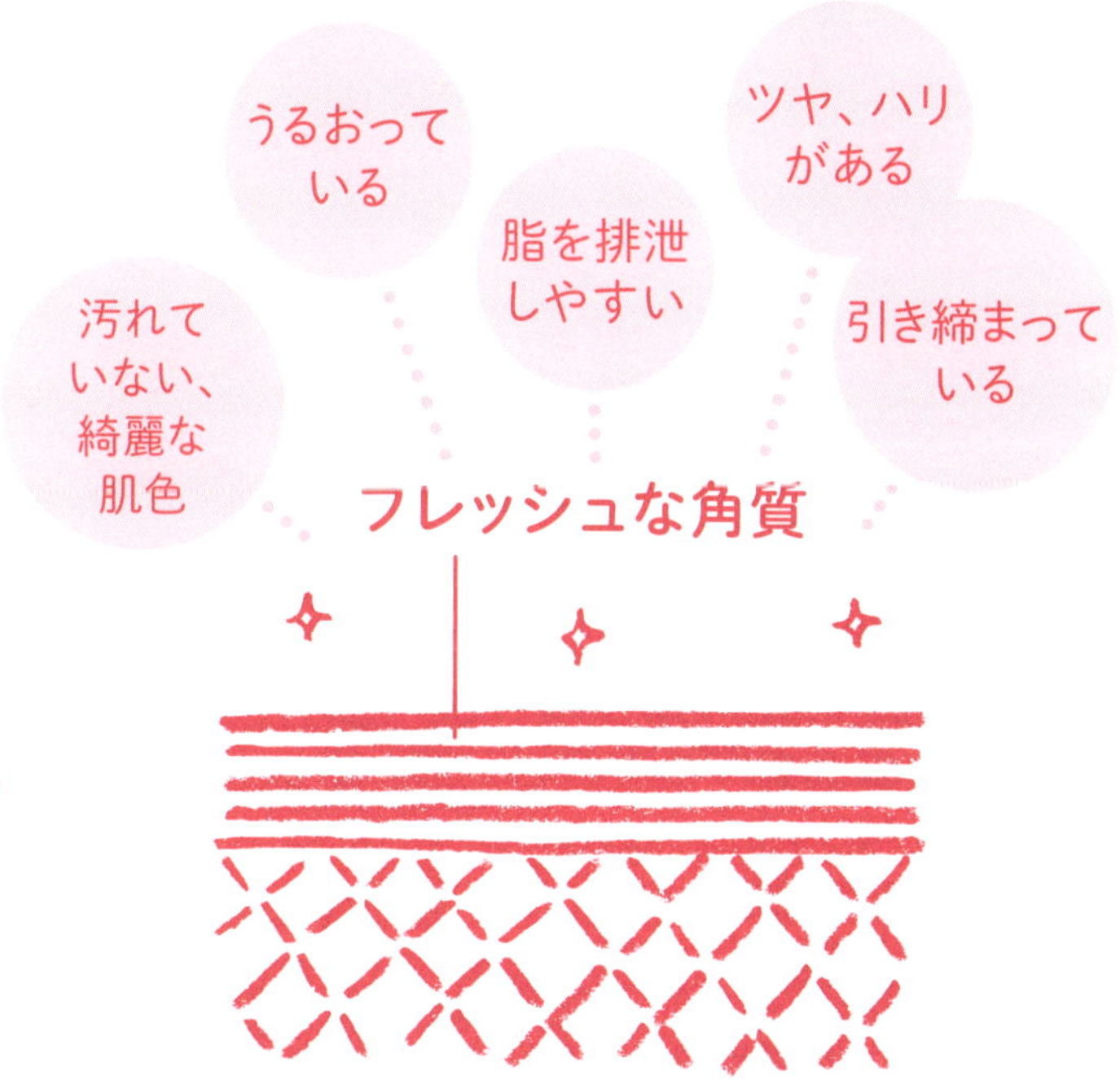

フレッシュな角質が表面に出ているので……

・うるおいがあって、サラサラ
・シワになりにくい
・肌が軽く、表情をつくりやすい
・ターンオーバーが速い

赤ちゃんの肌は、「しっとり」でなく「サラサラ」。

米澤式健顔のよくある質問

Q．普通のクレンジングではダメなの？

A．普通のクレンジングでは古い角質はほとんど落ちません。

普段のクレンジングでは、恐らく皆さん、クレンジング剤をメイクとなじませたらすぐに洗い流していることと思います。しかしこれでは、メイクは落ちても不要な角質までは取れません。

ならばスクラブやピーリングで角質を取れば早いのでは？　と思うかもしれませんが、これらは取る力が強すぎて、必要な角質まで剥がして肌を傷めてしまうのです。

米澤式健顔では、手でやさしくマッサージしながら角質をゆるめていくので、フレッシュな角質層を傷つけることなく、不要な角質だけを取ることができるのです。

米澤式健顔

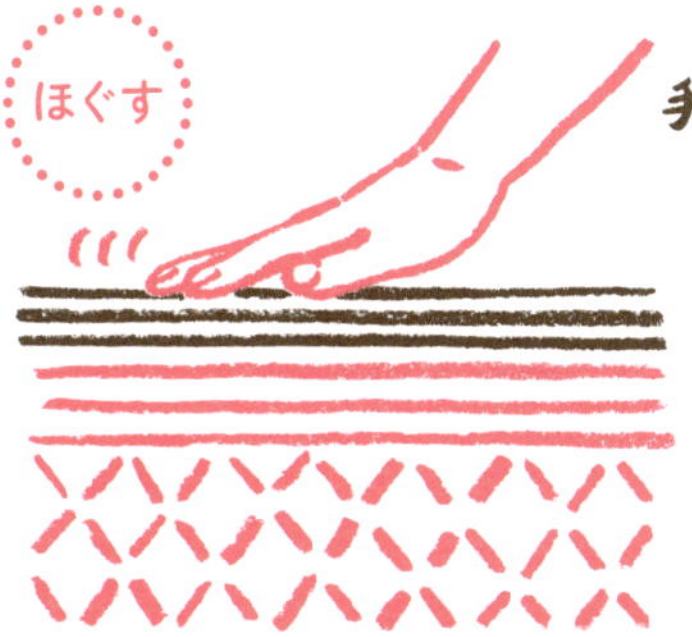

肌が動かないくらいの強さで、やさしくマッサージ。不要な角質の下に待機しているフレッシュな角質は傷つけません。

マッサージをしていくうちに、肌に張りついている不要な角質だけがゆるんでいきます。

不要な角質が取り除かれフレッシュな角質が顔を出します！　ただし不要な角質は毎日出てきますから、マッサージは毎日必要です。

☑ **表面の古い角質だけを取り除ける**
☑ **フレッシュな角質を傷つけない**

普通のクレンジング

表面のメイクだけを落として
古い角質はほとんど取れない

スクラブ・ピーリング

古い角質は取れるが、その下の
フレッシュな角質まで傷つける

Q. クリームをつけなくて、乾燥しないの?

A. 乾燥しているのは古い角質。それを取れば、うるおった角質が出てきます。

肌の表面は、角質細胞から成る角質層で覆われています。肌細胞は毎日新しく生まれ、これが表面へとどんどん押し上げられてきますから、健康な肌であれば古い角質は自然と剝がれていき、フレッシュでうるおった角質が顔を出します。しかしここにクリームをつけると、この本来剝がれるべき角質が剝がれにくくなってしまうのです。

古い角質とは言い換えれば死んだ細胞ですから、うるおいがありません。ここにクリームをつければ、たしかに一時的にうるおいますが、時間が経てばまた乾燥します。むしろクリームをつけることで古い角質をとどめてしまい、逆効果。だから米澤式健顔では、角質の入れ替わりを邪魔しないよう、肌の入れ替わりがうまくできるようになった肌には化粧水だけのケアをお勧めしているのです。

クリームをつけると……

カサカサの古い角質にクリームを塗れば、その油分を吸って一時的にうるおいますが、角質がブヨブヨと膨れてたるみの原因になったり、角質が剥がれにくくなってターンオーバーを妨げるので、デメリットのほうが多いのです！

表面の古い角質がクリームの油分でふやける（→たるみの原因）

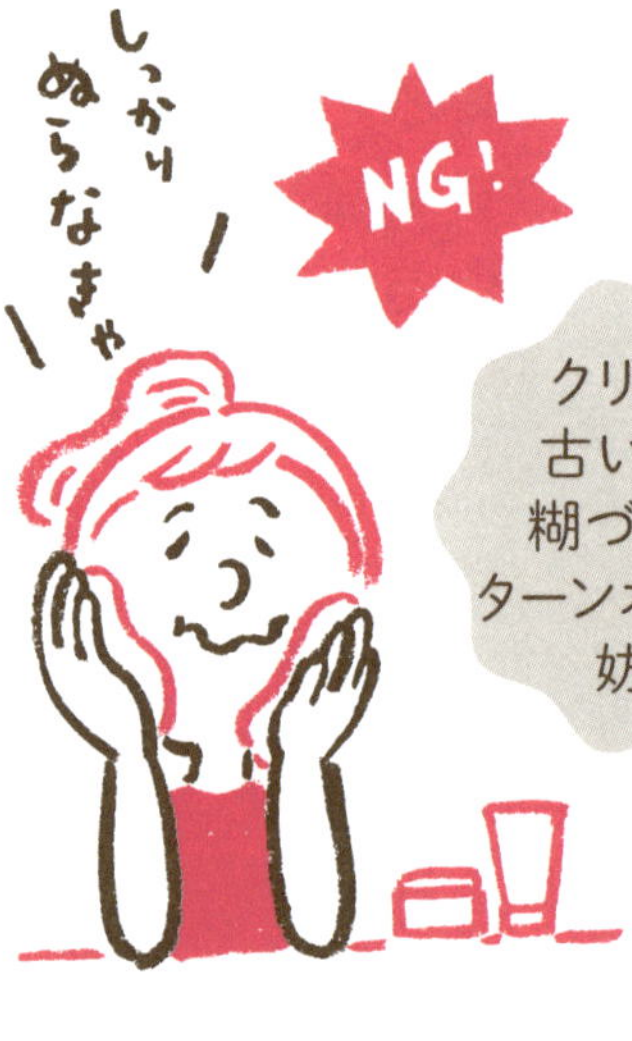

クリームが古い角質を糊づけして、ターンオーバーを妨げる

一見うるおっているようだが、本当のうるおいではない！

健顔で化粧水だけでうるおう肌を目指そう

フレッシュな角質がきちんと顔を出していれば、肌は乾燥することはありません。ですから洗顔後のケアは、ゆるんだ毛穴を化粧水で引き締めてあげるだけで充分。美容液もクリームも必要ありません！

健顔をした肌にクリームをつけるとベタベタ、ギトギトになる！

健顔をおこなっても、クリームをつけないと心配とおっしゃるお客様もいらっしゃいます。しかし健顔後の肌は、うるおいを持ったフレッシュな角質で覆われています。ここにクリームを足すと、うるおい過多になってベタベタ、ギトギトになってしまいます。つまり、自分の力でうるおえるのに、余計なうるおいを足しているということ。肌にとっては、まさに「余計なお世話！」なのです。

Q. 毎日10～15分もマッサージして、肌を傷めないの？

A. 米澤式健顔のポイントは、古い角質にだけ触れるやさしいマッサージにあります。

米澤式健顔では、クレンジングクリームをたっぷりと顔にのばした後、「究極のソフトタッチ」でマッサージをおこないます。これを言葉で分かりやすく説明しますと、皮膚には触れているけれども皮膚は動かない、という力加減になります。それだけソフトなタッチですから、15分間マッサージしても肌を傷めることがないのです。

もちろん、それゆえ加減が非常に難しいのもたしか。少しでも圧が強くなってしまうとフレッシュな角質まで取ってしまいますから、充分に気をつけてください。

また、左ページで解説いたしますが、健顔をすることで肌の代謝がよくなるので、むしろ肌が強く、健康になるという利点があります。

健顔をするとターンオーバーが活発になる!

古い角質が剝がれると、角質層の下（表皮の一番下の部分）の肌細胞がそれを察知して、ターンオーバーのスイッチが入ると言われています。ですので、古い角質を無理なく毎日剝がしてあげることで、ターンオーバーが活発になり、元気で新しい細胞がどんどん生まれてくるのです。

健顔をすると肌自体が健康になる!

かたい土ではいい野菜が育たないのと同じように、カチカチの肌では新しい細胞が生まれにくく、また、老廃物も排泄しづらくなってしまいます。米澤式健顔は、土を耕すのと同じように肌をやさしくほぐすので、肌の代謝がよくなり健康になるという利点があります。

ここまでのご説明で、米澤式健顔がどういうものか、何となくお分かりいただけましたでしょうか?

いろいろと解説はいたしましたが、要するに、皆さんの肌にへばりついて悪さをしている不要な角質を落として、肌を本来の元気な状態に戻す、という洗顔法です。ですからどんな肌トラブルにもアプローチはこの洗顔一つ、というわけです。

とは言いましても、改善するメカニズムや、改善までにかかるプロセス、時間は、トラブルによってまったく違います。そこで次の章からは、トラブル別によくなる過程を詳しくご説明いたしました。実際に米澤式健顔で肌がよくなられたお客様のエピソードもご紹介しておりますので、ぜひ、ご自分の悩みとは違う章も読んでいただき、肌が綺麗になることでどれだけ人生が変わるか、ということも感じていただけたらと思います。

人生が変わる洗顔

第2章

乾燥肌

肌トラブルでもっとも多く聞かれる「乾燥」。
肌がつっぱったり小ジワが寄りやすくなったり、
ひどいときは、皮膚が切れて血が出ることも！
でも実は、うるおわない肌なんてないんです。
乾燥するのは肌表面に溜まった角質が原因。
きちんと洗顔すれば早くよくなる可能性大！

乾燥は、早ければ1回の洗顔で改善します！

私のサロンに来られるお客様に肌の悩みを伺うと、多くの人が「乾燥」を挙げられます。そういった人は皆、保湿成分の高い高級美容液やクリームをたっぷりつけて乾燥を解消しようとします。でもそんなに高いお金をつぎ込まなくても、乾燥というのはきちんと洗顔さえすれば、一番早く解消できるトラブルなのですよ。

というのも**乾燥の最大の原因は、剝がれ落ちるべき古い角質など、肌表面に溜まってしまった汚れが原因**だからです。きちんと洗顔をしてそれらを落としてあげれば、皮膚の下からうるおいを持ったフレッシュな角質が顔を出し、乾燥しなくなります。人によっては、1回の洗顔で肌表面がうるおうこともあるほどです。

次のページに、乾燥の悩みを抱えてこられたA子さんの解消までの経緯をご紹介しましたので、乾燥に悩まれている人はぜひご一読ください。

こってりクリームを手放せなかった私が、化粧水だけで平気に！

東京都・A子さん（32歳）

もともと脂取り紙いらずの乾燥肌でしたが、20歳を過ぎた頃から年々ひどくなっていきました。常に肌がつっぱって痛いし不快だし、乾燥でメイクが綺麗にのらなくて大変だし、冬はくちびるもすぐに切れるのでリップクリームが手放せないし……。何より笑うと、目尻や口まわりなどのシワがどんどん深くなって、このままでは30代にしてシワシワのおばあさんみたいになってしまうのでは……、と絶望的な気分に陥っていました。ただ不思議なことに、❶**顔以外の肌はまったく乾燥しないんです**。何で顔だけ……？

❶ 体の肌は外気に触れることも少ないので傷みが少なく健康ですから、きちんと代謝されるんです。また顔のように化粧品を塗り重ねませんから、毛穴が塞がれて皮脂が排泄されなくなる、ということもありません。顔も洗顔で代謝できる状態に戻してあげれば、体の肌と同じくらい綺麗になれるものなんですよ。

そんな状態ですから、脂はできるだけ失いたくない！　と思い、朝は水でさっとすすぐのみ。夜はさすがに洗顔料を使っていましたが、それも保湿成分入りのもので10秒ぐらい、そっと顔をなでる程度。❷**洗顔でうるおいを取りすぎると肌のバリア機能が乱れ乾燥しやすくなる**、という話を信じていたからです。洗顔後は化粧水や乳液をたっぷりつけ、もちろん最後はお約束の〝クリームで蓋〟。さらに空気が乾燥する季節には、その上からラップで密閉したりもしていました。冬はアイクリームからリップバームまで5～6種類つけていたでしょうか。大忙しです。つけすぎてベタついている気がしないでもなかったのですが、それがうるおっていることだと思っていたのです。

　ちなみに使うアイテムは、洗顔料からボディソープやシャンプーまで保湿成分入りのものばかり。その頃の私は、とに

❷ 一般に言われるバリア機能とは、おそらく皮脂膜のことでしょう。でもきちんと洗顔をしないと、毛穴に詰まった汚れが取れず皮脂が出てこられないので、皮脂膜も作れません。守ろうにも、そもそもバリア自体存在していなかったんです！

かく「保湿成分入り」という言葉に弱く、他にも、[3]**肌の奥まで入ると言われるナノ機能化粧品**や、高機能保湿をうたったものは、何でも試してきました。でも、何をやっても乾燥は治まるどころか、むしろひどくなる一方でした……。

藁にもすがる思いで、ネットで乾燥肌ケアに関する情報を探していたとき、たまたま見つけたのが米澤先生のサロンのホームページです。そこには「乾燥するのは肌表面に汚れが堆積しているから。洗顔でしっかり落とすことが必要です」ということが書いてありました。それまで私が信じていた、肌表面のバリアを取ってはいけないという理論と正反対です。それが逆に興味深く、半信半疑で訪問したのですが……。

初めて洗顔してもらったときは、その後にサッパリした化粧水と、乳液をほんの少し塗るのみだったので、「これでは絶対乾燥する!!」と思いました。ところが、しっとりという感じ

❸ 乾燥しているのは、肌の表面に積もった古い角質です。人は生きている限り、肌の中のうるおいがなくなることはありません。ですからそんなに奥まで保湿する必要はナシ。むしろ余計なものとして肌の中で溜まってしまい、それが重みとなって肌がたるんでしまう可能性があります!

ではないものの、全然つっぱらないんです。先生からは、「皆さん、ベタベタしている状態をうるおっていると勘違いされているんです。でも❹**健康な肌は、赤ちゃんの肌のようにサラッとしている**んですよ」と言われましたが、正直、ベタついていることに慣れていたのでちょっと不安でした。が……、何とその翌朝、起きたら肌に脂が！　脂なんて何年ぶりだったでしょうか……。

それからは自宅でも米澤式健顔を続けました。最初は、10～15分もクレンジングをしなければいけないなんて長くて大変、と思ったのですが、米澤式健顔は洗顔後のケアがラク。美容液だのクリームだの目元用だのいろいろつけなくていいので、結果的に時短になりました。乾燥しなくなったのでメイクもなじみやすく、朝のメイクもスムーズになり、こちらも短時間で仕上げられるように。

❹ 赤ちゃんの肌は代謝力が高いので、不要な角質細胞がどんどん剝がれ、水分量の多い新しい細胞が現れます。でもまたすぐ剝がれるよう、ベタベタではなくサラッとしているんです。歳をとると代謝力が落ち不要な細胞が剝がれにくくなりますが、洗顔で手伝ってあげれば、このサラッとした細胞が出てきます。

自宅で健顔を始めた当初は、⑤**小ジワが増えたような気がした**のですが、2〜3日するとそれもなくなり、明らかに乾燥が和らいできました。おかげで朝も洗顔料をつけて洗えるようになったので、気持ちいい！　健顔を始めてから初めての夏は、乳液すらベタつくと感じ、化粧水だけで過ごしたほど。あんなにクリームが手放せなかった私が……。

何よりうれしいのはたくさんの化粧品が必要なくなったので、お金がかからなくなったこと。お給料も多いわけではなかったので、高いクリームを買ったらほとんど余裕がなくなっていたのですが、その分を貯金にまわせるようになりました。健顔を始めた翌年には、入社して初めて海外旅行に行くことができたんです！　これからもぜひ続けたいと思っています。

❺ それまでクリームをたっぷりつけていたことで、肌がある意味、コーティングされていたのです。それを洗顔で取ったことで、隠れていたシワが出てきたものと思われます。でも軽いシワは乾燥した古い角質が折れてできるものなので、健顔で古い角質をしっかり取り除けば次第に目立たなくなるはずです。

乾燥肌のメカニズムとよくなる過程

古くなった角質がフレッシュな角質の出現を妨害している

肌の表面には角質の層があります。元気な肌であれば、上層の古い角質は自然と剥がれ、下からうるおいを持ったフレッシュな角質が顔を出します。が、**代謝力が落ちると古い角質が剥がれにくくなり、これがうるおった角質が現れるのを妨げる、というのが乾燥の大きなメカニズム。**そこにクリームなどの保湿化粧品をつけると、古い角質が逆にしっかり張りついてしまい、余計乾燥が進んでしまうというわけ。また、脂性の人は、古い角質と脂が乾いて固まり、ガビガビになってしまうこともあります。

米澤式健顔は古くなった角質だけを落とし、フレッシュな角質が出てこられる状態に戻してあげるというもの。だから早い人は1回の洗顔で乾燥が解消することもあるのです。

乾燥肌のメカニズム

古い角質とは死んだ細胞ですから、うるおいがありません。乾燥しているのはこの表面の古い角質で、その下のフレッシュな角質はきちんとうるおいを持っている、というのがもっとも多い乾燥肌のパターンです。

テカッているのにつっぱるという人がいます。それは脂性の肌質であるか、クリームをつけすぎているせいで、油や皮脂が表面で乾いて固まりガビガビになるから。やはり健顔で角質を取ることによって、徐々に解決していきます。

乾燥肌のやりがちNGケア

●クリームをベタベタ塗る

クリームは古い角質を剥がれにくくしてしまうだけでなく、毛穴を塞いで皮脂が出てくるのを妨げてしまいます。現代女性はクリームに限らず保湿化粧品をつけすぎているため、皮脂が表面に出てこられず乾燥肌に悩む人が増えているのです。肌は健康なら、本来何もつけなくてもうるおうものですよ！

●洗顔料を使わない

皮脂を取りたくないからと、洗顔料を使わず水ですすぐのみ、という人が多くいます。これも水分を失った古い角質を落とさない行為なのでNG。何よりいつまでも皮脂を落とさないでいると、やがてその脂が乾いて固まり、余計ひどいゴワゴワの乾燥肌になってしまいます！

●シートパック

古い角質がシートパックの水分を吸ってふやけるので、一時的につっぱり感は解消されます。でも肌が自力でうるおっているわけではないので、その水分が蒸発してしまえば、また元の乾燥状態に。まさに、完全なる一時しのぎ。肌に溜まっている古い角質を取ってあげないことには、根本的な解決にはなりません。

私も**乾燥肌**がよくなりました！

部分的に乾燥する混合肌から顔じゅううるおう肌に

埼玉県・T子さん（35歳）

Tゾーンは脂っぽいのに目尻や口まわりはつっぱる、という混合肌だったので、目と口のまわりは洗顔料がつかないように洗っていた私。とても大変でした。

ところが米澤式健顔を受けたところ、**顔じゅうしっかり洗ったのにまったくつっぱらない！** 先生曰く、「目元や口まわりだけ洗顔不足で角質が残り、つっぱっていたのでしょう」とのこと。あんなに苦労していたのに、**普通に洗ってよかったなんて拍子抜け**でした。今は一年中本当に快適です！

生まれてからずっと、肌が弱いと思っていました……

福岡県・Y子さん（42歳）

超乾燥肌で、ひどいときは肌が切れて血が出るし、春先はかゆくてたまりませんでした。生まれつき肌が弱いと思っていたので、メイクはもちろん、洗顔料で洗うことも基本的にはしていませんでした。だからしっかり洗って、化粧水とほんの少しの乳液しかつけない米澤式健顔は絶対合わないと思いましたが、**始めたらジワジワ乾燥しなくなり、乳液を使わなくても大丈夫な日が増えました**。先生に「長年洗っていなかったことで角質や脂などの汚れが積もり、逆に肌の力を弱めていたのでしょう」と言われて、「ただ肌を不潔にしていただけなのに、肌が弱いふりをしてたなんて！」と恥ずかしかったです（笑）。

美肌の格言

◎乾燥しているのは肌ではなく角質

◎高級クリームは逆効果！

◎乾燥は1回の洗顔で解消することも

人生が変わる洗顔

第3章

たるみ肌

年齢とともにたるんできた肌。
重力に逆らえなくなったことが原因だから
シワと違って治せない、と思っていませんか?
そんなことはありません!
肌の中に溜まっている脂や汚れを出してあげれば、
何歳になってもピンとハリのある肌を保てます!

たるみ改善のクリームが、たるみを加速させている

たるみは、加齢によって肌の細胞分裂が遅くなり、キメがゆるむ（＝粗くなる）ことによって起こるところが大きいと言えます。それゆえ、本来はキメが細かく肌が綺麗だった人ほど悩まされやすいトラブルとも言えるでしょう。

たるみが起こると多くの人は、「ハリが出る」とうたっているクリームをつけ始めます。実はこれこそが、たるみを加速させる最大の要因なのです！　**肌がクリームの油分を吸収して重みを増し、余計たるんでしまう**のです。

たるみ肌も、丁寧な洗顔で古い角質や肌の中に溜まった油分や皮脂を落とすことで、改善にもっていけます。たしかに、肌本来の力を呼び起こす作業ですので時間はかかりますが、諦めずに続けていただければと思います。

肌の代謝力を取り戻したことで歳をとることが怖くなくなりました！

東京都・B子さん（45歳）

子供の頃から肌は強いほうで、トラブル知らずできました。30歳過ぎても衰えはなく、「30代に見えない！」と言われ続けていましたが、40歳近くなったある日を境に、❶**急にたるみが出始めた**んです。本当に急に、しかも法令線、ゴルゴ線、マリオネットラインの、トリプルたるみが！

でもそれまで肌が強く何もしてこなかったため、肌ケアに関する知識がまったくなかった私。どうしていいか分からず、そのまま過ごしていましたが、ある日決定的な出来事が……。

5年ぶりに免許証を更新したのですが、5年前の写真と見比

❶ 歳をとると、肌は古い角質や皮脂、塗り込まれたクリームなどの油分をうまく排泄できなくなります。たるみは、あるときそれが重力に耐えられなくなって、下がることにより起こるものです。たるむのは突然かもしれませんが、肌の中にはジワジワ汚れが溜め込まれていたのです！

べて愕然としたのです！　以前はハッキリ見えていた奥二重がたるみで隠れ、一重に見えるうえ、目もかなり小さくなっている。さらにチャームポイントだと思っていた涙袋が、ぶよ～んと下がって、自分で見ても怖い……。

焦った私は、その日から毎日ポニーテールをするようになりました。髪を引っ張ると、フェイスラインが少し上がるからです。が、毎日やっていると髪が薄くなる……、ほどくと顔が下がる……、そのジレンマに陥っていました。

最初こそ「老化だから仕方ない」と自分に言い聞かせていたのですが、そうも言っていられず、引き締めクリームを買ってきて毎日マッサージを始めました。すると❷**肌がフニャフニャした感じにはなるものの、ハリは出た**ので続けていました。ただしばらくすると、また元のたるみ肌に戻ってしまい……。それで前のより高いクリームをつけてはみたものの、やはり一

❷ 肌の表面がクリームの油分を吸収して、一時的にふやけるのです。すると一つ一つのキメが膨張してギュウギュウ詰まりますから、一時的にハリが戻ったように見えます。が、クリームが乾けばすぐに元に戻ってしまいます。残念ながら、お金のムダになってしまうだけでしょう。

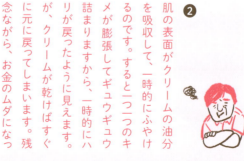

瞬は改善したような気がしましたが、また元のたるみ肌に。百貨店の化粧品コーナーで相談すると、「それならもっと効果が高いものを」と、どんどん高級ラインへ移行させられていき、お金もどんどん出ていきました。それでもよくなればいいのですが、❸**むしろどんどんたるんでいく**ような……？

顔ヨガや表情筋のトレーニングをしたらよくなるかと思ってやってみたり、猫背でつねに顔を下に向けているからたるむのかとも思い、姿勢を正すという方向に走ったこともありました。ですが、何をやっても改善の傾向は一切なし。

米澤式健顔を受けていた友人にその悩みを漏らしたら、「じゃあ一度行ってみたら？」と勧められたのです。早速米澤先生を訪ねて相談したら、「クリームや美容液は必要ありません。ただ汚れを取ればいいのです」と言われ、ビックリ。実はそのときは、「何の栄養も足さなくて肌が引き締まるわけがな

❸ 塗り込まれたクリームの油分は、肌の中に溜まっていきます。若くて元気な肌はどんどん生まれ変わっているので、このクリームの油分もやがて排泄されるのですが、加齢で代謝力が落ちると排泄できなくなり、肌の中にどんどん溜まっていきます。つまり、クリームをつければつけるほど溜まる油の量が増えていき、重みを増していくのです。

い」とまったく信じていませんでした。でも洗顔後は[4]**目がいつもよりパッチリし、視野も広くなった**ので、とりあえず続けることにしたんです。

ビックリしたといえば、サロンで洗顔後につける化粧水も、引き締め用のさっぱりタイプのものだったことです。先生によると、「きちんと汚れを落としてあげれば肌は自分でうるおいますから、本来、保湿は必要ないんです。化粧水は保湿ではなく肌を引き締めるために使うんです」とのこと。そう言われるとたしかに、それまで体には保湿アイテムはつけていなかったけれど、とくに乾燥を感じたことはなかったかも……。

15分のクレンジングマッサージは、それまでスキンケアをサボってきた私にはやや面倒でしたが、少しずつハリを取り戻しているような気がしたので、頑張って続けていました。ある日、5歳上の姉と買い物に行ったら、お店の人に親子に間違え

---

❹ 目のまわりはよく動いているので、負荷も多く、たるみやすいんです。しかしここは皮膚が薄いことから、皆さん、あまり触ろうとしません。本当は目のまわりも、やさしくマッサージして汚れを取ってあげたほうがいいんですよ。

られたんです!!　「健顔のおかげかも」と思えた瞬間でした。

健顔を始めてから4年が経ちましたが、以前のハリがあった頃の肌に戻っただけでなく、その状態をずっと維持できています。米澤式健顔を始めたときより歳をとっているわけですから、維持できているというのはすごいことですよね！　それに、以前は「40代でこんなにたるんでいたら、50代60代はどうなるんだろう……」と恐ろしかったのですが、この先、歳をとることも怖くなくなりました。

また他にも相乗効果があり、❺**顔がよく動くようになり、表情が豊かになった**と言われるようになりました。

❺

肌に溜まった角質や脂、またクリームの油分などは、時間が経つと硬くこわばってきます。すると肌は柔軟性を失い、繊細な動きができなくなるのです。洗顔で汚れを取ったことで、フレッシュな柔らかい角質が顔を出し、表情も豊かになったものと思われます。

たるみ肌のメカニズムとよくなる過程

たるむ原因は、加齢による代謝の遅れとクリームのつけすぎ！

肌にはキメと言われる凹凸があり、キメが細かい肌ほどハリがあって綺麗、ということは広く知られています。元気な肌は弾力のある肌細胞がどんどん生まれ、ギュウギュウ詰まっている状態で、これが細かいキメを作っているのです。ところが加齢による代謝の衰えや、クリームのつけすぎによる油溜まりなどで、キメがゆるんでくる。これが、たるみを引き起こしているというわけです。

ですからまずは、**クレンジングマッサージで不要な角質を落とし、中に溜まった油分や皮脂が出てこられる状態に戻してあげましょう**。そうして丁寧に汚れを落とし続けていれば、やがて肌は代謝力を取り戻し、引き締まったキメが再び出現しますよ！

たるみのメカニズム

●たるみ肌

クリームの油が肌に溜まると、肌細胞がふやけてキメもゆるんでしまいます。そのため肌のハリがなくなり、全体に下がってきてしまうのです。そこで多くの人はハリがアップするクリームをつけますが、余計油が溜まってしまい逆効果!!

健顔をすると……

古い角質をきちんと取り除いてあげれば、溜め込まれたクリームの油が排泄されるだけでなく、肌のターンオーバーも活発になります。すると新しい元気な細胞がどんどん生まれてギュウギュウ詰まった状態になり、引き締まったキメが戻ってきます!

たるみ肌のやりがちNGケア

●高機能クリームを塗る

肌細胞は常に生まれ変わっていますから、本来は不要な角質や皮脂を排泄する作用が強いもの。ですから外からうるおいを補給しようとしても、それほど吸収されないものですが、高機能な化粧品になるほど角質によく吸収される構造になっています。そのためどんどん中に溜まり、どんどん肌をたるませていく……。今は10代からクリームを塗っている人も多いですが、そういった人はたるみが始まるのも早いようです。反対にクリームをつけてこなかった人というのは、肌が綺麗かどうかは別として、たるみはあまり起こっていないようです。

●顔筋を鍛える

少し前に顔ヨガというものがブームとなりました。たしかに顔の筋肉を鍛えることは、やって悪いことではないでしょう。ただし肌がたるんでいる人というのは、肌の中にクリームなどの油分や、クリームに蓋をされて出てこられない皮脂が溜まっています。溜まった油分や皮脂は時間が経てば乾いて固まりますから、顔を動かしたつもりでも、これが邪魔をして自分が思っているより動かせていないのです。顔筋トレーニングを始めるなら、その前にクレンジングマッサージをおこなって、硬くなった油分や皮脂を取り除いてあげる必要がありますよ。

私もたるみ肌がよくなりました！

ブルドッグみたいな顔が元に戻りました

神奈川県・E子さん（68歳）

40代の初めまでお肌のことで悩んだことは一度もなかったのですが、42〜43歳の頃からダルンとたるみ始め……口の横、頬、おでこまで！

おかしいと思いながらもどうしたらいいのか分からず、まずは美容液、次はクリーム、もっと高いクリームと、化粧品の金額もどんどん高くなっていきました。なのにたるみは全然よくならず、まるでブルドッグのよう。50歳になる頃には、そんな顔に慣れて、**「昔の自分はどんな顔だったっけ？」と思い出せないくらいにまでなっていました**。本当に悲しかったですね。

米澤式健顔を始めたのは、そんな50歳のときです。先生に「きちんと洗い続けていれば、たるみは改善しますし、あと20年経ってもキリッとした輪郭を保てますよ」と言ってもらえたので、信じて続けたところ、少しずつ肌が引き締まっていき、昔の自分の顔に戻っていきました。そして**今、68歳ですが、フェイスラインはキリッとしたまま**。たくさんの人から「60代に見えない！」と言ってもらえます。始めてから18年経ちますが、いまだに毎日、マッサージを終えてスッキリした自分の肌を見るたびに、ニコニコしてしまいます。

美肌の格言

◎たるみはキメのゆるみから起こる

◎クリームをつけない人はたるみにくい

◎改善まではやや時間がかかる

人生が変わる洗顔

第4章

シワ肌

無表情のときはまだいいけれど、
笑うと一気に出てくる小ジワ&ちりめんジワ。
年々増えるだけでなく、シワの溝が深く長くなって
いくことに悩まされている人が多いようです。
それは古い角質が折れて元に戻らなくなっているせい。
洗顔で取り除けば改善します！

古い角質が折れた状態、それがシワです！

シワと言いますと、目まわりのちりめんジワや口角の小ジワに悩まれている人が多いものです。シワができやすい方はもともと皮脂分泌の少ない肌の方が多く、そのため若い頃からその悩みを抱えておられるのですが、私から言わせていただきますと、そんなに悩まれる必要はまったくなく、**乾燥に次いで、比較的すぐに改善できるトラブル**なのです。

というのもシワの主な原因というのは、肌にへばりついている乾燥した角質だからです。水分を含まない紙と、濡れたタオルを想像してみてください。どちらが折れたときの線が元に戻りにくいか、明らかですよね。つまり洗顔で紙（古い角質）を剝がし、その下で待機している濡れたタオル（水分や油分を含んだフレッシュな角質）を出してあげればいいだけ。肌の表面だけの問題なので、改善が早いというわけです。

1回の洗顔でかなり改善。長年悩んでいたのは何だったのか……

東京都・C子さん（47歳）

若いときから目まわりの小ジワが多い肌質ではありました。皮膚が薄くて乾燥ぎみだからかもしれませんが、決して肌が弱いというほどではなく、大きなトラブルがあったわけではないのです。ですからシワが寄る部分にクリームやオイルを塗って、騙し騙しきたのですが、30歳過ぎた頃からそれが通用しなくなってきました。

❶**20代までは、笑うとシワが寄っていたものの、表情を戻すと元に戻っていた**のですが、30歳を過ぎてからは、笑っていないときもシワが入ったまま。当然、笑えばもっとシワシワにな

❶ フレッシュな角質はみずみずしく弾力があるので、シワが寄ってもすぐ元に戻ります。若く肌が元気なうちは、きちんと新しい角質が顔を出すのですが、加齢により代謝が落ちると、古い角質が剥がれにくくなります。古い角質は水分が少なく弾力性がないので、これが折れてシワが入ると、元には戻らないのです。

りますし、それが定着してしまいました。だから接客業なのに、新たなシワを増やしたくなくてあまり笑わなくなってしまったのです。

もう一つ悩ましかったのが、メイクがひび割れることです。シワが寄りやすい部分にオイルをつけてからファンデーションを塗っていたのですが、それでもすぐに割れて、ファンデがシワの溝に溜まって見苦しいのです。頻繁にメイク直しをしなければならないのが面倒で、だんだんメイクそのものをあまりしなくなってしまいました。接客業なのにどうなんだろう、と後ろめたかったのですが……。

ただ、手をこまねいていたわけではありません。夜は、[2]**目元用とうたっているクリームをたっぷりつけたり**、目元用シートパックを貼ったりして、寝ていました。シワが寄る部分に栄養を与えればふっくらすると思い、何用かも分からないま

2 クリームをつけると、古い角質がクリームの油分を吸ってふやけますから、一時的にシワが目立たなくなります。でもクリームが乾けば、また元の状態に。それだけでなく、クリームが糊となって角質を剥がれにくくし、角質が厚くなる。シワは角質が折れてできるものですから、角質が厚くなればなるほど深くなるのです。

ま、お店で薦められた高級美容液もたっぷり塗り込んでいました。数年前にオイルブームが起こったときは当然ハマり、濃厚で保湿成分が多そうな高機能オイルをせっせとつけていました。ただたしかに目元がふっくらするのですが、どちらかというと腫れぼったくなったという印象で、❸**目も小さくなったような気がして**やめてしまいました。

それ以外にも、恥ずかしい話ですが外出しない休日は、目尻と口まわりにテープを貼って、シワが寄らないようにしたりもしていました。なりふり構っていられないほど、シワは深刻になっていたのです。

米澤式健顔を受けに行ったのは、米澤先生の本で「ちりめんジワは肌表面に汚れが溜まり、それが乾燥することで生まれるもの。クレンジングマッサージでその汚れを取れば、ほとんどわからなくなります」と書いてあるのを読んだからです。

❸
オイルは皮脂となじみがよいですから、肌に吸収されやすいのは確か。ですが肌の乾燥は表面の角質層で起こっているだけで、中はきちんとうるおっています。そこに吸収のいいオイルをつけると、肌内に過剰に油分が溜まって、たるみも起こりやすくなるのです。クリームよりたちが悪いと言えるかもしれません。

それまでの私は、肌をこすると新たなシワが増えると思い、目元や口まわりは洗顔料をつけず、水ですすいでいただけでしたから、この話には本当に衝撃を受けました。

恐る恐る米澤式健顔を受けたところ、それは肌が動かないくらいのソフトタッチでおこなうものでした。たしかにこれなら、目まわりや口まわりをマッサージしても大丈夫だなと思いました。しかも驚いたことに、④**1回の洗顔でシワが浅くなった**のです。

それから自分でも米澤式健顔を続けたところ、あんなに悩んでいたのは何だったのかと思うほど、あっさりとシワが目立たなくなったのです。それどころか全体的な乾燥もなくなり、メイクののりもとてもよくなりました。

シワが寄ることが怖くなくなったので笑顔も増えましたし、メイクもきちんとできるようになって、接客にも自信が持

④
シワは、古い角質が剥がれずに溜まり、それが折れたりヨレたりしてできるもの。ですからクレンジングマッサージで古い角質を取り除けば、たちまちシワが浅くなります。1回の洗顔でも、かなり目立たなくなることも多いのですよ。

てるように。そのせいなのか、私に話しかけてくるお客様がすごく増えたのです！　どうやら以前はあまり笑わなくて怖かったため、敬遠されていたようです。肌一つで、こんなにも人への印象が変わるのだと知った出来事でした。

強いて残念なことがあるといえば、以前はシワ仲間と「あの化粧品がいいらしい」と盛り上がっていたのですが、化粧水と乳液しかつけなくなったので、すっかり話が合わなくなったことです（笑）。最近、⑤**シワに効く高級美容液**が発売されて話題になっていましたが、かつての私なら、値段にかかわらず飛びついて、シワ仲間と効果を話し合っていたことでしょう。

あのままクリームをつけ続けていたら、今頃はどうなっていたのだろうとゾッとします。顔を洗って鏡を見るたびに、心からの笑みがわき上がります。

⑤

美容液とは肌に栄養を与えるもの、とされています。が、肌の角質は常に下から上へと生まれ変わっているもの。上から加えたものが、その流れに逆らってどこまで入るのか、甚だ疑問です。シワが改善したと感じられるなら、それは古い角質が美容液でふやけて広がり、一時的に目立たなくなっただけではないでしょうか。

シワ肌のメカニズムとよくなる過程

折れた古い角質を取りフレッシュな角質を出現させる、それだけ

シワの原因は、肌にへばりついている古い角質です。とくに**目まわりは皮膚が薄いため、傷めるのが怖くてしっかり洗っていないことが多く、角質が溜まりやすい**のです。脂性肌の人なら、自前の皮脂でこの古い角質も比較的柔らかくなりますが、乾燥肌の人は皮脂分泌が少ないため、死んだ角質は紙のように乾いた状態になっています。ですからこれを一度折ってしまうと、なかなか元には戻らないのです。

しかし肌は常に生まれ変わっていますから、古い角質の下にはちゃんとうるおいを持ったフレッシュな角質が待機しています。**古い角質がへばりついていることで、出てこられないでいるだけ**。だから洗顔で古い角質を取ってあげることが有効なのです。

シワのメカニズム

●シワのある肌

古い角質は乾いた紙と一緒。うるおいがないので、一度折ったら、その折りジワは完全には消えないのです。クリームのつけすぎや洗顔不足で角質が積もれば積もるほど、当然、折りジワも深くなっていきます！

健顔をすると……

フレッシュな角質は、濡れたタオルと一緒。折ってもシワとして定着することはありません。マッサージで〝紙〟の状態の古い角質を取り除き、〝濡れたタオル〟を出現させてあげましょう！

シワ肌のやりがちNGケア

●シワ対策用クリームをたっぷり塗る

クリームの油分が入ることで肌が膨らみ、たしかにシワは目立たなくなります。ですがクリームは古い角質を貼りつけてしまうため、角質層が余計厚くなり、シワも深くなっていきます。実際目まわりの肌に触れると、皮膚が薄いはずなのに、硬くゴワゴワしていませんか？　それだけでなく、目まわりや口まわりは汗腺や皮脂腺が少ないですから、一度取り込まれたクリームや美容液が排泄されにくい。これがどんどん溜まっていき、シワだけでなく重くたるんで下がってくるようにもなるんです！

●シワのある部分だけあまり洗わない

たしかに目まわりの皮膚は、頬の皮膚の3分の1の薄さだと言われています。強くこすったり、刺激の強い洗顔料を使うと傷めてしまう可能性が高いでしょう。とは言っても、目のまわりというのは油分を含んだメイクをたっぷりのせているもの。この汚れをしっかり落とさないと、角質が厚くなっていくだけでなく、くすんだり炎症を起こしたりしてしまいます。やさしく洗うことはもちろん正解ですが、角質や汚れはしっかり落とす洗い方をしてください。

私も**シワ肌**がよくなりました！

シワ対策用の高級クリームから卒業できました！

千葉県・Y子さん（31歳）

皮膚が薄いのか、10代から目元や口元にシワが！　そのためクリームを使い始めたのは16歳でした。でも肌が慣れてしまったのか、20代後半になると安めのクリームでは効果がなくなり、有名な某ブランドのもの（1個3万円！）なら何とかシワが薄くなる、という状態に。だから**高いけれど必要経費と思って、ずっとつけ続けていました**。そんなにお金をかけているというのに、シワのままなので美肌の先輩に「サボってないでちゃんとしたほうがいいよ〜」と言われたことも。

米澤式健顔は、「正しく洗えばシワはすぐ改善する」とうたっているので、最初はうさん臭いと思いましたが（失礼！）、たしかに1回洗ってもらったら某高級クリームを塗ったのと同じくらいシワが目立たなくなっていました！　先生に「我慢してクリームをつけないように」と言われ従ってみたら、前より皮脂量が増え、**2ヵ月くらい過ぎた頃にはシワが薄くなっていました**。10代の頃からクリームをつけていたため、肌が自分でうるおう力をなくしていたのだろう、とのこと。今ではクリームの出費もなくなり、肌だけでなく経済的にも救われました！

美肌の格言

◎古い角質が折れるとシワになる

◎クリームをつけるほどシワシワに！

◎角質だけの問題なので改善は早い

人生が変わる洗顔

第5章

毛穴肌

鼻の頭や頬にポコポコと開いた大きな毛穴。
黒ずんできたり、重力に逆らえず潰れたような
形になってきたりと、どんどん目立つように。
毛穴の開きは、中に詰まった皮脂が原因。
洗顔でこれを取り除き、毛穴が自ら締まるように
するには時間がかかりますが、必ず改善します！

毛穴は奥深い問題なので少し時間がかかります

毛穴の開きは、毛穴に詰まった皮脂が原因です。……とひと言で言ってしまいますと、「ではしっかり洗顔して皮脂を取れば解消するのでは？」と思ってしまいますが、事はそう簡単にいかないのが毛穴トラブルの悩ましいところです。実際サロンのお客様のなかには、どんなに熱心に洗っても改善せず、「一度開いた毛穴は治らないんだ」と諦めていた方もたくさんいらっしゃいました。

皮脂は毛穴に詰まると固まって、普通に洗顔したくらいでは取れなくなりますし、一度開いた毛穴も開いたまま癖づいて簡単には締まりません。**硬くなった毛穴まわりの角質をコツコツほぐして皮脂を出していくしかない**。長く遠い道のりです。でも毛穴が開きやすい肌というのはもともと皮脂分泌が活発ですから、毛穴の開きさえ改善すれば、前より綺麗な肌となり得ますので諦めないで続けてほしいと思います。

楕円形に潰れた大きな毛穴が目立たなくなった！

東京都・D子さん（37歳）

かなりの脂性で、20代まではまったくの乾燥知らず。洗顔フォームなどでは汚れが落ちた気がしないので、必ず洗顔石鹸《せっけん》で、しかも二度洗い。それでも脂がしっかり出るので、夏場は化粧水すらつけないほどでした。

それでもさすがに30代に入ると少し皮脂の分泌量が減ってきたようで、洗顔後は〝つっぱる〟感じがするように。そこで、乳液やクリームをつけることにちょっと憧れもあったものですから、❶**肌が欲してもいないのにイソイソとつけ始めたら、肌の様子がおかしくなってきました**……。もともと、ちょっ

❶
毛穴が開きやすい人の多くは、皮脂分泌が活発です。そこにクリームをつけると皮脂の出口を塞いでしまいますから、毛穴の中に皮脂が溜まり、どんどん押し広げてしまうのです。そして一度広がった毛穴は、硬く定着します。そうなると、周辺の角質が弾力のある新しい角質に入れ変わらない限り、中の脂だけ取っても閉じないのです。

と開きやすかった毛穴がどんどん大きく深くなり、黒ずんできたんです。

しばらくすると、頬の毛穴は楕円形に潰れてきました。鼻の毛穴はさらにひどく、洗うと中に詰まっていた汚れが取れるからか、目で確認できるほどポッコリ大きな穴が開いています。メイクをすると、その穴にファンデーションが入り込んでいるのが見えて気持ち悪い。必然的に厚塗りになるのですが、脂はそれなりに出るのですぐ崩れるのです。

関係あるのかないのか、毛穴が大きくなってきた頃から❷**肌全体が硬くなり、口角も上がりにくくなって**笑顔が減っていった気もしていました。

毛穴の開きは痛い、かゆいといった辛さはないですが、見た目が悪いので、いろいろなケアをしました。「泡洗顔は、泡が毛穴の中に入り込んで汚れがしっかり取れる」と聞いたので、

❷毛穴が開くということは、毛穴以外の部分にも、外に出てこられない脂がいっぱい溜まっているということです。脂といえども時間が経つと乾いて硬くなります。クリームなどで油分をさらに注ぎ込んだことで、肌内の脂の塊もどんどん分厚くなり、肌の筋肉が動きにくくなったものと思われます。

モコモコの泡洗顔に切り替えてみましたが、全然取れませんでした。また、「毛穴の開きはうるおい不足」という話も聞き、乳液、クリームで蓋、という定番保湿ケアをおこなってみたのですが、ただ肌がギトギトになっただけ。定期的に毛穴パックをすると、面白いくらい汚れが取れたのですが、毛穴の開きはそのままで、またすぐに汚れが詰まっていきます。

他にもピーリング、ビタミンCのイオン導入も試しましたが、どれも根本的な解決には至らず。一度開いた毛穴は二度と元に戻らないのか……と絶望的な気持ちに陥りました。

仕方なくメイクで隠す日々。❸**毛穴のまわりは赤みも目立つ**ので、グリーンのコンシーラーが手放せない毎日でした。

米澤式健顔との出会いは、友達が通っていたことがきっかけです。「とにかく汚れを落とすことが大事。足す美容は必要ない」という理論を聞いて、「これだ！」と思ったんです。

❸ 皮脂が多すぎると、それらをエサに様々な雑菌が増殖し、炎症を起こしやすくなります。そのため毛穴が開いている人は、同時に赤みにも悩まされている場合が多いのです。また毛穴の汚れを取ろうと、洗顔やパックをしすぎるため、それが刺激となって肌が炎症を起こしている可能性もあります。

最初に先生から、「乾燥やシワのような表面のトラブルと違って、毛穴の開きは奥が深いから時間はかかりますが、必ず目立たなくなりますよ」と言われたので、腰を据えて取り組むことに。すると[4]**1回の洗顔でも毛穴がかなり引き締まった**気がしましたし、化粧水だけで全然つっぱらない！　その日から昔のように、クリームいらずの生活に戻りました。

それから毎晩、15分のクレンジングをおこないましたが、毛穴は小さくなっているような、変わっていないような……？　先生は、「毛穴がどこまで深く広がっているかによるから、比較的すぐ消える人もいれば、何年もかかる人もいる」とおっしゃっていたのですが、私の場合は、半年ぐらいした頃から、毛穴が少し小さくなってきました。

と同時に鼻全体が柔らかくなってきて、[5]**団子鼻が解消されていった**のです。頬もスッキリして、周囲から「痩せた？」

4 毛穴が引き締まったと感じたのは、引き締め化粧水によって肌全体の角質が締まり、ダルンとたるんでいた毛穴の形が小さくなったことによるものと思われます。そのため米澤式健顔では、保湿作用ではなく引き締め作用のある化粧水をお勧めしているのです。

と聞かれることも増えました。

健顔を始めてから5年が経ちますが、今ではかなり毛穴は目立たなくなりました。一度、スッピンで友達に会ったとき、「これでファンデつけてないの!?」と驚かれたこともあります。先生からは、「毛穴が開く人はもともと新陳代謝が活発なので、毛穴トラブルが解決すれば肌が輝いてくる」と言われましたが、そもそも毛穴が開かなければ米澤式健顔を始めることもなかったはず。現在の美肌は毛穴が開いたおかげです！

❺ 肌には、目には見えないものも含め、無数の毛穴があります。それだけたくさんの毛穴が広がっていくわけですから、全体としてはかなりのサイズアップにつながってきます。団子鼻が解消したと感じたのは、洗顔によって毛穴の中に溜まっていた脂が抜けて開きが小さくなってきたからでしょう。

毛穴肌のメカニズムとよくなる過程

行き場を失った皮脂が毛穴を押し広げているのです！

皮脂腺は毛穴にくっついています。ですから、洗顔不足や化粧品のつけすぎで毛穴の入り口が塞がれると、皮脂が出てこられなくなります。これがどんどん溜まり毛穴を押し広げていく、というのが毛穴が開くメカニズム。さらに毛穴が開く人は皮脂分泌が活発ですから、毛穴まわりの角質にも脂が溜まり、それが乾いて固まっています。**これを取ってフレッシュで柔らかい角質に入れ替えない限り、毛穴は閉じてくれません**。毛穴パックで角栓を引き抜いてもポッカリ穴が開いたままで、またそこに汚れが溜まっていくのです。そして毛穴は肌のかなり奥深いところまで広がっているので、毛穴まわりの肌がすべて入れ替わるまでには数年かかることもあるのです。

毛穴のメカニズム

肌には皮脂腺をともなった無数の毛穴がありますが、健康な肌なら毛穴はキュッと引き締まり、肉眼ではほとんど分からないものです。

不要な角質があると皮脂が毛穴から出られなくなってしまい、これがだんだんと毛穴を押し広げ始めます。こうなると、肉眼でもハッキリ見えるように！

毛穴に溜まる皮脂量が増えると、毛穴は押し広げられるだけでなく、皮脂の重みに耐えられずダルンと下がっていきます。これが一般に言われる〝涙型毛穴〟のメカニズム。

毛穴改善に近道はナシ！
コツコツと不要な角質を取り除き、
詰まっている皮脂が出てこられる
ようにしてあげましょう！

毛穴肌のやりがちNGケア

●毛穴パックで角栓を引き抜く

たしかに角栓は取れますが、毛穴は開いたままなので、そこにまた皮脂や汚れが溜まっていきます。硬くなった毛穴まわりの肌をゆるめて柔軟性を持った肌に戻さないことには、根本的な解決にはなりません。それだけでなく毛穴パックは引き剝がすときに、必要な角質まで剝がしてしまい、肌を傷めてしまいます。すると肌は刺激から身を守ろうとし、さらに硬く分厚くなり、かえって毛穴を閉じにくくしかねません！

●泡洗顔をする

泡洗顔に関しては、キメの細かい泡が毛穴の奥まで入り込んで汚れを取り除く、と言われています。ですが洗顔料というのは、泡立つときに汚れを吸着するもの。すでに泡立ったものを肌の上にのせても、あまり意味がありません。むしろ肌に汚れが残ったままとなり、毛穴の開きを悪化させるのはもちろん、他の肌トラブルも引き起こす可能性があります。また最近は泡立ちのいい洗顔料が多く売られていますが、これらには泡立ちをよくするための成分が何かしら入っています。その中には肌によくないものもあり、泡立たせることが優先され洗浄力は後回しにされている場合もあるので、避けたほうが賢明です。

私も**毛穴肌**がよくなりました！

毛穴が小さくなった今、未来の肌に楽しみしかない！

……………………………………………… 埼玉県・T子さん（29歳）

頬の毛穴に悩んでいて、毛穴によいと言われることは何でもやりました。汚れがよく落ちると言われる酵素洗顔、泥、火山灰など汚れ吸着系のあらゆるパック、美容クリニックでのピーリング、その他角栓を溶かすとうたっている化粧品はほとんど試したと言っていいほど。でも、**何をやっても毛穴は小さくなるどころか、むしろ定着していく**ような印象……。皮脂もいっぱい出て、冬でも顔じゅうテカテカ。誰かと近距離で向かい合って話しているときはいつも、「この人、私のことテカッてると思ってるんだろうな」という気がして、会話に集中できませんでした。

母に教えられて米澤式健顔を始めたら、劇的に毛穴が閉じたわけではないものの、肌のゴワつきとテカリが減りました。先生に言われて、美容液やクリームをやめて引き締め系の化粧水だけにしましたが、まったく乾燥はありません。思えば乾燥肌でもないのに、なんで毎晩クリームをつけていたんでしょう？　クリームはつけるもの、と思い込んでいたんですね。

健顔を始めてから2年。まだ毛穴は開いてはいますが、以前の半分以下のサイズになったし、**これからも閉じる一方だと思うので、自分の未来が楽しみ**。こう思えることが嬉しいです！

美肌の格言

◎角栓だけ取っても毛穴は閉じない！

◎毛穴まわりの肌の脂を抜くことも必要

◎肌深部の問題なので時間がかかる

人生が変わる洗顔

第6章

シミ肌

年齢とともに濃く浮き出してくるシミ。
一度できたシミは消えないと聞くけれど、
肌は常に生まれ変わっているもの。
洗顔でターンオーバーを促してあげれば
ちゃんと薄くなります。
諦めないでコツコツ洗い続けましょう!

シミは本来、肌が元気ならできないものです！

美容カウンターなどで特別なライトを当てられ、「今潜んでいるシミがこんなにありますよ」と見せられたことがある方は多いのではないでしょうか。たしかに顔じゅうにシミが広がっていますから、ショックを受けますよね。ですがシミの元であるメラニンは、様々な刺激から肌を守ろうとしてできるもの。どんな肌でも刺激ゼロというわけにはいきませんから、あのように**たくさんのメラニンが潜んでいるのは当然**なのです。

肌は常に生まれ変わって（ターンオーバーして）いますから、そうやって肌を守るためにできたメラニンも、時間が経てば角質となって剥がれていきます。それが**様々な原因でうまく剝がれなかったとき、シミとなって定着する**のです。古いシミは肌細胞がエラーを起こしているため簡単には薄くなりませんが、正しい洗顔で肌のターンオーバーを促していれば、少なくとも新たなシミが増えることはありませんよ！

何をやっても消えなかったシミがほとんど分からないくらい薄くなった

東京都・C子さん（38歳）

30代半ば頃からポツポツと顔じゅうにシミが浮き出し、どんどん増え、どんどん濃くなっていきました。最初はメイクでカバーできていましたが、年々、メイクの上からも透けて見えるように。それでどんどん厚塗りになっていくので、ファンデーションをつけていない首との差がすごくて……。

まったく無防備に紫外線に肌をさらしていたわけでもないのに、❶**なぜこんなに急に浮き出てきたの**……!?

実はそれまではかなり肌が強いほうだったので、たいしたスキンケアもしたことがなく、そのツケがきたのかな？　と

❶ 肌が活発に代謝していれば、肌の中でシミの元であるメラニンが生成しても、やがて肌の表面に浮き上がってきて、角質とともに剥がれていきます。でも歳をとって代謝が落ちると、なかなか剥がれなくなり、メラニンはそのまま肌にとどまってしまいます。ですから加齢に伴って、急にシミが増える方が多いのです。

思い、きちんとケアを始めました。まず、常にSPF50の日焼け止めをしっかり塗るように。屋内にいても、肌は窓から入ってきた紫外線を浴びていると聞いたので、休日も起きたらすぐに日焼け止めを塗っていました。さらに、毎日のスキンケアは、すべて美白ラインに切り替えました。美白化粧水、美白乳液、美白クリーム……。定期的に美白パックもおこなっていたほど。なのにある日友達に、❷**「日焼けした？　どこか行ったの？」と言われた**のです！　どうして!?

もう医学の力に頼るしかない、と思い、シミ取りレーザー治療を受けることにしました。すると、レーザーを照射してもらった部分のシミが明らかに薄くなりました！　高かったけれど、やはりレーザーの力は偉大です。他に気になっていた部位にも当ててもらい、すっかりシミの悩みは解消！　……と思っていたのですが、半年ぐらいするとまたシミが浮き出てき

❷ クリームや美容液をつけると、不要な角質や様々な外からの汚れが落ちにくくなり、肌がくすんできます。おそらく、日焼け止めや美白化粧品をたっぷりつけるようになったことで汚れが落ちにくくなり、くすんで日焼けしたように見えたものと思われます。

郵 便 は が き

料金受取人払郵便

小石川局承認

1794

差出有効期間
平成31年 8 月
1日まで

112-8731

東京都文京区音羽二丁目
十二番二十一号

講談社 第二事業局
生活実用出版部 行

愛読者カード

今後の出版企画の参考にいたしたく存じます。ご記入のうえご投函くださいますようお願いいたします(平成 31 年 8 月 1 日までは切手不要です)。

ご住所 〒□□□-□□□□

お名前
(ふりがな)

生年月日 (西暦)

電話番号

性別 1 男性 2 女性

メールアドレス

今後、講談社から各種ご案内やアンケートのお願いをお送りしてもよろしいでしょうか。ご承諾いただける方は、下の□の中に○をご記入ください。

□ 講談社からの案内を受け取ることを承諾します

TY 000070-1704

本のタイトルを
お書きください

a　**本書をどこでお知りになりましたか。**

1 新聞広告（朝、読、毎、日経、産経、他） 2 書店で実物を見て
3 雑誌（雑誌名　　　　　　　　　　　　　） 4 人にすすめられて
5 DM　6 その他（　　　　　　　　　　　　　　　　　　　）

b　**ほぼ毎号読んでいる雑誌をお教えください。いくつでも。**

c　**ほぼ毎日読んでいる新聞をお教えください。いくつでも。**

1 朝日　2 読売　3 毎日　4 日経　5 産経
6 その他（新聞名　　　　　　　　　　　　　　　　　　　　）

d　**値段について。**

1 適当だ　2 高い　3 安い　4 希望定価（　　　　　　円くらい）

e　**最近お読みになった本をお教えください。**

f　**この本についてお気づきの点、ご感想などをお教えください。**

たのです。しかも、以前より濃くなっている気も……。全部で5万円以上も注ぎ込んだのに、この〝再発〟は本当にショックでした。もうお金もエネルギーも尽きて、「これはきっと❸**シミではなくて肝斑《かんぱん》なんだ**、だから消えないんだ……」と諦めることにしたんです。

　そんな私に、米澤式健顔のことを教えてくれたのは母でした。母の友人に、以前はかなりシミがひどかったのにいつの間にかほとんど消えていた、という人がいるそうで、どうやって治したのか聞いてくれたんです。すると、ここ10年ぐらいずっと米澤式健顔を続けている、とのこと。

　それで米澤先生のサロンを訪問してみました。米澤式健顔の理論というのはとてもシンプルで、肌表面の不要な角質を洗顔できちんと落としてあげることで、肌の新陳代謝を促すというもの。多くの人は不要な角質がきちんと取れておら

❸

シミは、紫外線などの刺激を受けることによって、肌の中でメラニンが生成してできるものです。肝斑はホルモンの影響などによりできると言われています。シミとは原因が違いますが、やはり洗顔で肌の新陳代謝を活性化させてあげれば、薄くなることは充分期待できると思います。

ず、そのため肌細胞がきちんと生まれ変われていないんだそう。たしかに私は日焼け止めだの美白化粧品だの、つけるケアばかりして取ることをきちんとしていませんでした。だからシミが改善しなかったのかも……。

ただ先生からは、「シミは肌の奥からの問題なので、目立たなくなるまでには少し時間がかかります」と言われました。たしかに1回の洗顔でシミ自体に変化はありませんでしたが、❹**肌全体が白くなりました**。その後も、米澤式健顔を続けたら、肌の色は白いまま。あるとき友人に、「最近白くなったよね？　何か美白ケアを始めたの？　教えて」と聞かれました。美白ケアをしていたときは、逆に「日焼けした？」と聞かれたのに。あの、美白にかけた時間とお金は何だったのでしょう！

肌が白くなったせいか、シミとのコントラストが強くなり、逆にシミが濃くなったような印象を受けたほど。でもそのシ

❹ 美白化粧品のつけすぎで、べったり張りついてしまっていた不要な角質や汚れが、クレンジングマッサージでゆるんで剝がれ落ちたものと思われます。このようにくすみは汚れの蓄積が原因の場合が多いですから、1回の洗顔でもかなり肌が白くなりますよ！

ミも、その後徐々に薄くなっていきました。そして3年経ちますが、今では肉眼ではほとんどシミは見えません。おかげでメイクも薄くなり、今では⑤**パウダーのみ。でも不思議なことに、厚塗りしていたときよりシミができません**。

また、米澤式健顔を始めてから、会社の同僚にもよく話しかけられるようになりました。以前はいつも疲れている雰囲気で声をかけづらかったんだそう。シミに捉われるあまり、肌全体のくすみには気づいていなかったようです。反対に私がずっと憧れていた肌美人の同期は、薄化粧にシンプルな服装がとても素敵だったのですが、年齢とともにくすみ始めたようで……。同期にもこの健顔を教えてあげたいと思っています。

❺ パウダーだけでも紫外線はかなり防げますし、多少浴びてメラニンが生成したとしても、正しい洗顔をしていればターンオーバーが促され、やがて排泄されます。それよりも日焼け止めやファンデーションをたっぷりつけることのほうが、それ自体が刺激となって、メラニンを過剰に生成させてしまう危険がありますよ！

シミ肌のメカニズムとよくなる過程

古い角質をきちんと取りさえすればシミは消えます！

紫外線や摩擦といった刺激を受けると、肌の中にあるメラノサイトがメラニンという色素を生成します。メラニンはいったん肌表面まで浮き上がってきてシミとなりますが、やがて古い角質とともに剝がれていきます。ですが代謝が遅れたり化粧品をつけすぎたりすると、古い角質が剝がれずシミが定着してしまう。米澤式健顔は古い角質を取り除くものですから、新しくできたシミを消すのには大変有効というわけです。

一方、定着した古いシミは、細胞がエラーを起こしてほとんどターンオーバーしていないので消えにくいのですが、**コツコツと古い角質を取って肌本来の持つ力を高めてあげれば、充分薄くなることが期待できる**と思いますよ。

シミのメカニズム

●シミはこうしてできる！

紫外線などの刺激を受けると、肌のメラノサイトがメラニン色素を作り出します。シミは、このメラニン色素が表面まで浮き上がってきたもの。肌が不健康でターンオーバーがなされていないと、そのまま定着してしまいます。

健顔をすると……

本来、メラニン色素は古い角質と一緒に剥がれていきます。健顔は、そのプロセスのお手伝いをするもの。マッサージで古い角質をゆるめて、メラニン色素ごと取り除くので、新たなシミができにくくなります。

シミ肌のやりがちNGケア

●日焼け止めをたっぷり塗る

日焼け止めを塗るのはいいのですが、SPF値が高いものは刺激が強いうえ、長時間作用が続きます。ですから洗顔でしっかり落とさないと、新たな刺激となってしまいます。メラニンの生成を抑えるために塗った日焼け止めが、かえってメラニンを生成させることになりかねません。

●美白化粧品でケアする

美白化粧品というのは、メラノサイトに働きかけてメラニンの生成を抑える、という作用があります。すでに発生しているメラニンを消すものではないので、残念ながら今できているシミには効果がありません。さらに、メラニンは肌を様々な刺激から守るためのものでもありますから、これを美白化粧品で抑えすぎると、かえって肌のバリア機能が乱れてしまう可能性がありますよ！

●レーザーでシミを取る

1つのシミには1つのメラニン、というわけではありません。たくさんのメラニンが集まって目立つほどのサイズになっていますが、レーザーが破壊するのは表のほうのメラニンだけ。奥のメラニンは残っているので、またシミが浮き出てくるのです。かつレーザーは大変刺激が強いですから、それ自体が新たなメラニンを生成させる可能性も高いでしょう。

私も**シミ肌**がよくなりました！

健顔で色白美肌姉妹復活！

東京都・S香さん（42歳）

姉妹そろって色白でしたが、次第に２人ともシミが増えて、そんなに色白という印象でもなくなっていました。私は米澤式健顔を始めましたが、姉は「洗顔でシミが消えるわけがない」と笑っていました。ところがある日、２人で実家に帰ったら、**母が私と姉を見比べて「S香ちゃんは真っ白で綺麗。お姉ちゃんは、ちゃんとケアしてる？」と言ったので**、姉はとてもショックを受けていました。その後、姉も米澤式健顔を始め、今ではまた元の色白姉妹に戻ってきつつあり、嬉しい限りです。

角質を落とさなかった手がシミだらけに！

静岡県・N子さん（40歳）

色白でシミができやすい肌質だったため、20代から米澤式健顔をずっと続けています。おかげでシミはできてもすぐ消えるので、自分で言うのも何ですが、今も綺麗な白肌を保っています。

２年前にハワイに行ったときも、パウダーをはたいただけで過ごしていたのですが、夜はきちんと洗顔をしていたこともあって、少し赤くはなったもののシミはできませんでした。ところが、手の甲にすごいシミが！手にもたくさん紫外線を浴びたのに、こちらはしっかり角質を落としていなかったからだと思います。それからは**顔だけでなく、手の甲も毎日米澤式健顔をおこなうようにしました**。それでもシミが薄くなるまで半年くらいかかったと思います。本当に不覚でした。

美肌の格言

◎正しく洗えば新たなシミはできない

◎美白ケアは今あるシミには効果ナシ

◎古いシミは改善に時間がかかる

人生が変わる洗顔

第7章

大顔

以前はもっとフェイスラインがシャープだったけど
年齢とともに肉がついて丸くなってきた……、
またはもともとエラ張り……、などと思っている方。
実はそれ、肌の中に油分が溜まっているだけかも!
正しい洗顔で油分を抜けば、
小顔になるのも夢じゃないんです!!

顔についているのはお肉ではなく化粧品の油かも

最初はたるみや毛穴の開きといったトラブルでサロンに来られたお客様には、「米澤式健顔を続けているうちに顔が小さくなってきた」という方が多くいらっしゃいます。

おそらく、肌が栄養価の高いクリームや美容液をたっぷり吸収し、それによって膨らんでいたからではないかと思われます。米澤式健顔では洗顔後のスキンケアは化粧水（と、必要に応じて少量の乳液）だけを勧めていますから、**化粧品の余計な油分が肌に入らないことによって、顔が元のサイズに戻っていくのでしょう**。そして一度油分が抜けた方は皆、何年経っても変わらずシャープなフェイスラインを維持していらっしゃいます。

洗顔で小顔になるなんてまさかと思うかもしれませんが、ある意味、それほどまでに〝つける美容〟の弊害は大きいと言えるでしょう。

顔に肉がついたのだと思っていたら、油が溜まっていただけでした！

神奈川県・M子さん（53歳）

自分で言うのも何ですが、肌の綺麗な母の遺伝子を引き継いだようで、若い頃はピンと張った美肌が自慢でした。フェイスラインもシャープで、いつも「顔が細くてうらやましい」とも言われ、「いやいや、そんな」と謙遜しつつも、内心は自分でも自信を持っていたんです。

そんな私も、40歳を過ぎると少し肌がたるみ始めました。これはいけないと思い、❶**それまでは化粧水をつけることぐらいしかしていなかった**のですが、ハリが出るという某高級ブランドのクリームをつけ始めたのです。それというのも私は、

❶ 実はこの化粧水しかつけないというケアは、正解なのです。いくら元の肌が強い人でも、クリームなど保湿剤たっぷりの化粧品をつけると角質の生まれ変わりを妨いでしまい、綺麗な肌を維持できなくなってしまいます。

ずっと肌が強かったものですから、肌ケアの知識がまったくなくて、巷《ちまた》で有名だったその高級ブランドのものなら効くだろうと安易に考えたからです。自分の肌に合うとかそういったことは、まったく考えていませんでした。

クリームをつけると一時的にたるみは改善するのですが、またすぐにたるんできます。量が足りないのだと思い、どんどんつける量が増えていき、ピークの頃には、1本3万円ものクリームを1カ月で使いきるほどのペースで消費していました。

そして……、その頃からだったと思うのですが、体が痩せたわけでもないのに、年々、体に対して顔の割合が大きくなってきたのです。まるで『サザエさん』に出てくる❷**ワカメちゃんのようなバランス**でした。シャープさが自慢だった輪郭もだんだん丸くなり、▽→○→□と変わっていきました。でも、歳をとって顔に肉がついてきたのだと諦めていた私は、メイク

---

❷ 体がスッキリしているということは、顔にだけ余計な皮脂や油分が溜まっている証拠。ですからクレンジングマッサージでそれらを抜いてあげれば、体と同じぐらいスッキリした状態に戻すことが可能です。顔と体のバランスを整えるには、顔のほうにだけ余計なことをしていたのをやめればいいだけなのです！

のシェーディングや、頬が隠れる髪型でごまかしていました。また、服がシンプルだと顔の大きさが目立つので、ファッションもどんどん派手になっていき……。

でもそんなことは序の口でした。ある日、落とした物を拾おうと下を向いたところ、横目に膨らんだ頬が見えたのです！　さらには❸**鼻の下ものびてきました**。こんなところまでたるむの？　以来私は、出かける際はなるべくマスクで顔を隠すようになったほどでした。目尻のシワなどはあまりなかったので、顔の下半分を隠すと若く見えたからです。

アタフタする私を見かねて、妹が「米澤先生に相談してみたら？」と勧めてくれたのが6年前。実は妹はずっと肌荒れがひどく、米澤式健顔を始めたところかなりよくなったのです。しかし米澤式健顔は顔を丁寧に洗うことがメインです。膨らんだ顔に効くはずはないと思ったのですが、妹があまり

❸クリームをたくさんつけすぎたことにより、その油分が肌の中に大量に蓄積され、それが下がっていき顔がのびていったのでしょう。とくに肌が強い人というのは皮脂分泌も多いですから、溜まる脂の量も多く、歳をとると顔が長くのびる傾向にあります。鼻の下だけでなく、あごが長くなる人も多いんですよ。

に勧めるもので、１回だけ受けてみることにしたのです。でも正直に言いますと、受けた後に、脂肪燃焼に効くと有名な美顔ローラーを買いに行くつもりでした。

　ところが先生は、顔が膨らんでいるのはクリームのつけすぎによる油溜まりが原因だとおっしゃったのです。洗顔で不要な角質を落とすことで油分や皮脂の排泄を促し、かつ、クリームをつけないケアを続けていれば、時間はかかるけれども大顔は改善していくのだと。しかも、「脂が抜ければ若い頃と同じような小顔に戻ることも夢じゃありませんよ」と言われました！　実際にその日マッサージを受けたところ、❹**少しですが肌が引き締まり細くなった気が**。これを続ければたしかに効果はあるかもしれないと思い、とりあえず美顔ローラーを買うのはやめにしました。

　さて、健顔の結果ですが、本当に徐々にですが、着実に膨ら

❹
たるむ原因は主に、クリームなどの油が肌に溜まることにありますが、それ以外に肌表面に大量に張りついた不要な角質もあります。クレンジングマッサージは不要な角質をゆるめて取り除くものですから、分厚い角質が減っただけでも、顔はかなりスッキリ細くなった印象を与えてくれます。

みは減っていきました。一時期、⑤**肌がしぼんだようになった**のですが、それも気づけばなくなり、顔の形も昔のようにシャープに戻っていきました。周囲から「痩せた？」と言われるようになり、ある人からは「病院に行ったほうがいいんじゃないの？」と勧められたほど。たしかにこの歳で顔が痩せたら病気かと思いますよね（苦笑）。

　肌に自信が持てなくなるということは、とても辛いことです。とくにそれが、自分にとって一番の自信ポイントだったならなおさらです。それをこの歳で取り戻すことができて、人生が変わりました。健顔さえ続けていればずっとこのフェイスラインをキープできると思えるので、今は老後も怖くない！　むしろ楽しみなくらいです！

⑤ これまでの肌は、クリームを差し入れることで膨らませている状態でした。そのためクレンジングマッサージで油を抜くと、一時的に肌が余った状態になり、しぼんだようになることがあります。ですが時間が経てば油が抜けた状態に肌がなじんでいき、またハリが出てきますよ。

大顔のメカニズムとよくなる過程

古い角質を取り、溜まった皮脂と化粧品の油分の排泄を促して

肌は、不要になったものを上へと押し上げ排泄して生まれ変わっています。ですから本来は、上からつけた保湿剤は角質層より下には入っていかないものです。ところが最近は、そういった肌の構造をかいくぐり中へと入っていく、ある意味優秀な化粧品が増えています。さらにクリーム等は**古い角質を肌に貼りつけ、自前の脂も出られなくしてしまいます**。そうして脂と油分が大量に肌の中に溜まっていくのです。そういった方の顔は、たしかにシワは少ないのですが風船のように膨らんでいます。ですからクレンジングマッサージでへばりついた角質を取り、皮脂と油分を出してあげなければなりません。同時にクリーム等の使用をやめれば、顔は元のサイズに戻っていきますよ。

大顔のメカニズム

●大顔の肌

クリームの油分は、角質に入り込みます。また、クリームで蓋をされ出てこられない皮脂も溜まり、高級お肉のサシ脂のような状態になって、肌はどんどん膨張していきます！

健顔をすると……

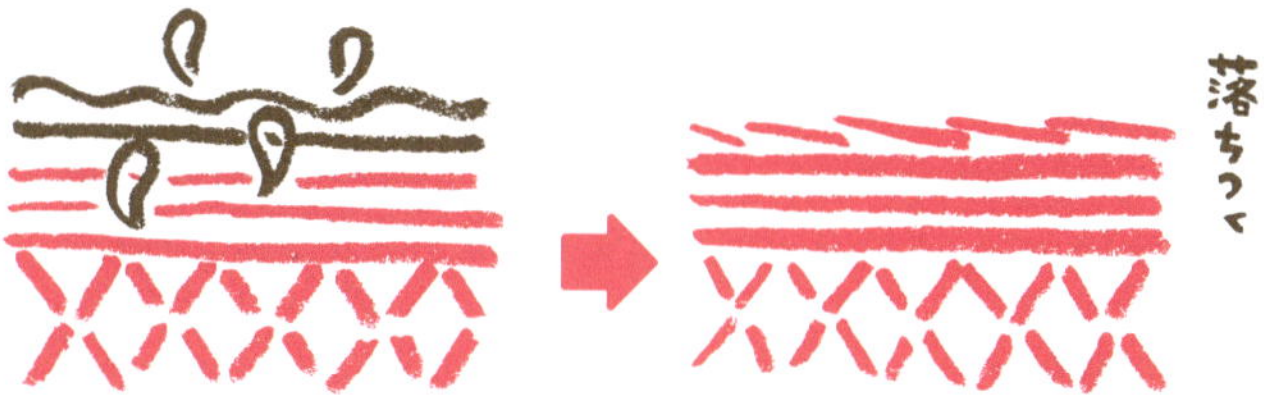

マッサージで不要な角質を取ると、その下からクリームの油分や溜まった皮脂も出てこられるように。最初は、のびていた皮膚が少したるみますが、やがてそれも引き締まっていくので心配不要です！

大顔のやりがちNGケア

●クリームをたっぷり塗る

大顔の人というのは、もともとはたるみが気になって引き締め系のクリームをたっぷりつけているうちに、その油分がどんどん溜まってパンパンに膨らんだ、というケースがほとんどです。ですから、まずはクリームをつけるのをやめることが不可欠。つけ続ければ、ある日その重みが重力に逆らえられなくなり、一挙にたるみますよ！

●ローラーで脂肪燃焼、むくみ取り

ローラーを当てると肌が引きのばされ、かえってたるんでしまいます。また肌に強い摩擦を与えますから、それが刺激となってメラニンが生成され、当てている部分の肌が黒ずんできます。肌を守ろうとして角質が分厚くもなってしまうでしょう。たしかに少しは脂肪燃焼やむくみ取りの効果があるかもしれませんが、それ以上にデメリットが大きすぎるのでやめましょう！

私も**小顔**になりました！

油溜まりを、
30年以上エラだと思っていました！

大阪府・R子さん（45歳）

美容に力を入れている母に「若い頃からケアをしていると歳をとってもダメージが出にくい」と言われ続け、10代からクリームをつけていました。もともとあまり肌にハリがあるほうではなかったこともあって、疑いもせず、母の高機能クリームを一緒に使っていました。なのに20代後半ぐらいから早くも顔がたるみ始めたので、様々なエステを受け、そのうちに米澤式健顔も知り、サロンを訪れました。そこで「クリームのつけすぎが原因です」と言われビックリ。**それまで無数の美容情報に触れてきましたが、そんなことを言ったのは米澤先生が初めて**でした。

長年つけてきたクリームをやめるのは恐ろしく、最初は、「乳液なら少しつけてもいい」と言われたこともあって、乳液だけはつけていたのですが、不思議なことに前より肌にハリが出てきました。何より驚いたのは、**ずっとエラ張りだと思っていたフェイスラインが変わってきた**ことです。何と、エラだと思っていたのはクリームの油分と皮脂が凝り固まったものだったようなのです！　放っておいたらずっとエラ張りだと信じたままでした。以来ずっとシャープなフェイスラインをキープできています。クリームをつけていた昔より若返ったようで、毎日嬉しくてたまりません！

美肌の格言

◎クリームをつけすぎると顔が膨らむ！

◎皮脂と油分を出せば顔は元のサイズに

◎大顔はいつか一挙にたるむ！

人生が変わる洗顔

第8章

ニキビ肌

繰り返しいくつもできるニキビ。ひどい場合は
クレーターになってしまうので根本的に解決したい！
ニキビは過剰な皮脂分泌によって
常在菌のバランスが崩れてできるもの。だから
正しい洗顔で肌を清潔に保つことが不可欠です！

ただ洗ってもニキビはなかなか治りません！

よく大人になったらニキビはできないと言いますが、そんなことはまったくありません。たしかにニキビは過剰な皮脂が原因でできますから、皮脂分泌が活発な若い世代が悩まされやすいトラブルです。でも何歳になっても、皮脂が大量に分泌されていたりストレスなどで皮脂バランスが崩れたりすれば、ニキビはできます。とくに大人のニキビは、若い頃より肌の代謝力が落ちていることもあって治りにくいもの。ですから**ただ洗うのではなく、肌の代謝力を高める洗い方をしてあげなければなりません**。

また私のサロンでは、別の肌トラブルで来られた方が、ニキビに悩まされている子供さんに米澤式健顔を教えたところ改善した、というケースもたくさんあります。ニキビはこじらせるとクレーターになってしまいますから、この本を読んでくださった親御さんには、ぜひ子供さんにも米澤式健顔を教えていただけたらと思っています。

時間はかかったけどニキビができにくくなり、クレーターも改善！

長野県・H子さん（25歳）

思春期の頃はニキビ体質に悩まされていましたが、大人になるにつれて治まっていました。でも社会人になると、ストレスからか突如復活。常に頬にニキビが数個あり、それが化膿して潰れ……を繰り返すので、色も残り、いわゆるクレーターになっていました。

また頬だけでなく、❶**生理前になると口のまわりにも必ずできていました。**口まわりなので髪の毛で隠すこともできず、食事をしたり、話したり、口を大きく開けると痛みを感じることも。「ニキビができて本当に辛い」と漏らしたとき、

❶ ニキビは過剰に分泌された皮脂にアクネ菌が繁殖し、できるもの。生理前はホルモンバランスが崩れ、皮脂分泌が増えることも。そのためニキビもできやすくなりますが、これは一過性なので、あまり神経質にならなくてもよいかと思います。

「❷**大人になってできるのはニキビとは言わないんだよ、吹き出物だよ**。若い子ぶって」などとからかわれて、悔しい思いをしたこともありました。

ニキビを隠そうとして、メイクも〝リキッドファンデーション+コンシーラー〟の厚塗りに。肌の赤みも目立つので、コントロールカラーも手放せませんでした。でもそのメイクの汚れで、またニキビが悪化する……。そんなときは皮膚科に行って薬をもらうこともありました。ニキビ薬を塗ると少し落ち着くのですが、しばらくするとまた新たなニキビは出てきます。そのうち薬も効かなくなって……、何とか根本的に解決する方法はないものだろうかとずっと悩んでいました。

皮脂が多いので、洗顔は洗浄力の高い石鹸を使用。サッパリするけど、強烈につっぱります。でもニキビは乾燥させておいたほうが悪化しにくいと思って、悪化しているときは化粧水

❷ 一般的には、20歳を過ぎるとニキビではなく吹き出物と言うようですが、吹き出物は毛穴以外の肌の内側で起こった炎症で、ニキビとは原因も状態もまったく違います。ですから、大人になったらニキビはできないというわけではありません!

もつけず耐えていました。そこまでひどくないときも、殺菌作用の強いニキビケア用化粧水でサッパリを保つよう気をつけていたんです。

定期的にピーリングもおこなって、ニキビ跡がひどくならないようにするケアも。またチョコレートや脂っこいものを食べるとニキビができやすいと思って、食事もできるだけ脂分の少ないものを摂るようにしていたんです。

それだけ気をつけてもまた新しいニキビができる。それが好きな人に会う前だったりすると、何とか隠したくて、❸**潰してとりあえず平らにした**こともありました。

とにかく洗顔でよさそうなものは何でも試していたのですが、米澤式健顔もその一つでした。抗菌作用のある化粧品と違って、15分やさしくクレンジングマッサージをおこなうという地味なものだったので、「速効性はなさそうだな」とあまり

❸ ニキビ周辺の肌が柔らかければ、潰してもすぐに肌が元の状態に戻り、跡になりません。だから潰して早く膿を出したほうがよい場合もあります。でもニキビ周辺の皮膚が硬くなっている場合は、潰すと跡になってしまうのでNGです！

期待せずにサロンに行ったんです。でも初めて受けたとき、サッパリするけど肌がつっぱらなかったので、おや？　と思いました。それまではサッパリするためにはつっぱっても仕方がないと思っていたので……。

ただ健顔を始めてもニキビ自体は相変わらずできるし、④**なかなか変化を感じられませんでした**。15分のマッサージは面倒臭いし、もうやめようかなと思い始めていたのですが……、健顔を始めて1年半ぐらい経った頃から、明らかにできるニキビの量が減ってきました。それからは早かった。一気に好転して、ほとんど新しいニキビができなくなったのです。

先生に報告したところ、「コツコツと不要な角質や皮脂汚れを取り続けたことで、肌に力がついてきたのでしょう」とのこと。時間はかかったけど、これがずっと考えていた根本的な解決なのかな、と思いました。

④
米澤式健顔は、もちろん毛穴に詰まった汚れを取り除き清潔にしますが、それよりも、ニキビができていない部分の肌の古い角質をしっかり取って、肌全体を元気にしていくという作用のほうが大きい。ですから、継続していれば、ある日急に肌に力がついて雑菌が繁殖しにくくなり改善に向かう、という人が多いのです。

健顔を始めて2年半経ちますが、今ではたまに1～2個できたとしても、⑤**2～3日ですぐに消えるし跡にもなりません**。おかげでチョコや脂っこいものも気軽に食べられるようになり、好きな人にも堂々と顔を見せられます（笑）。

気がつけば、以前はあったクレーターもだんだん平らになり、だいぶ目立たなくなっています。前はとにかくニキビを悪化させないことだけで必死でしたが、今はハリアップや引き締めなど、次のステップに進めた感じです。先生にも「ニキビができるくらいですから、皮脂不足でないのは確か。そういう人はいつまでもうるおいのあるピンと張った肌を保てますよ」と言われ、前はあんなに嫌いだった自分の肌が好きになりつつあります。

⑤ ニキビが治った後には薄いかさぶたができます。これを放っておくと、かさぶたの下からフレッシュな角質が出てこられなくなり跡になってしまいますが、洗顔でかさぶたが自然に剥がれるよう促してあげれば、跡になることもありません。

ニキビ肌のメカニズムとよくなる過程

アクネ菌の繁殖を抑える〝肌力〟を取り戻す必要があります

ニキビは、肌の常在菌であるアクネ菌が毛穴に詰まった皮脂をエサに繁殖し、炎症を起こしてできるものです。ですからニキビを治すには、アクネ菌の繁殖を抑えることが第一です。が、そもそもニキビができる肌というのは、アクネ菌の繁殖を許してしまうほど肌バランスが崩れているわけです。ですのでただ洗っても、また皮脂が分泌されればニキビはできてしまう。不要な角質や皮脂をしっかり落とし、肌の代謝力を取り戻す洗顔を続けなければ治りません。**肌が元気になれば常在菌のバランスも整い、アクネ菌が皮脂に繁殖することもなくなります**。そしてクレーターになった部分の肌細胞もやがてターンオーバーし、徐々に目立たなくなってきますよ！

ニキビのメカニズム

●ニキビはこうしてできる！

肌にはアクネ菌という常在菌がいます。普段は大人しいのですが、皮脂分泌のバランスが崩れると、皮脂をエサに増殖します。

アクネ菌が増えると、毛穴は炎症を起こします。これが、ニキビのメカニズム。

ニキビはやがてかさぶたとなり剝がれていきますが、これを繰り返しているとターンオーバーが間に合わず、クレーターに！

健顔をすると……

アクネ菌のエサである皮脂だけでなく、不要な角質も取り除くことで肌のターンオーバーが正常になり、崩れていた皮脂バランスも整ってきます。

ニキビができなくなれば、ターンオーバーがきちんとなされますから、クレーターになっていた部分の肌もやがて綺麗に生まれ変わっていきます。

ニキビと吹き出物の違い

ニキビと吹き出物はできる原因も状態もまったく違います！

ニキビは皮膚の常在菌であるアクネ菌が皮脂に繁殖してできますが、**吹き出物は、肌の中で老廃物が固まり、それが膨らんだもので痛みを伴うことも**。たまに菌と結びついて化膿することもあります。

このように吹き出物は、その原因が肌の内側からによるところが大きいもの。ですから完全にできないようにするのは難しいですが、古い角質や皮脂汚れをきちんと取り除いていれば、肌内に溜まる汚れは減りますから、当然吹き出物もできにくくなるはずです。万一できてしまったときも、正しい洗顔で肌のターンオーバーを促していれば、治りも早いと思いますよ！

吹き出物のメカニズム

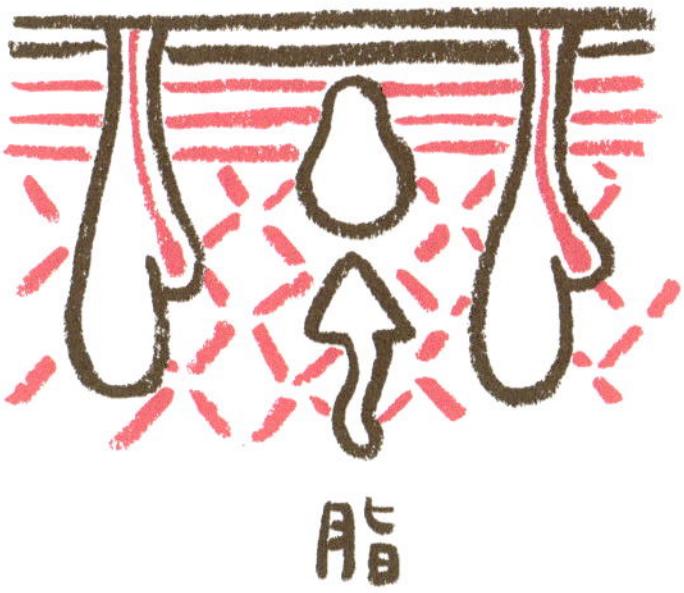
脂

肌の中に溜まった脂分や様々な汚れが固まり、それが浮いてきて肌を盛り上げたものが吹き出物。原因が内側にあるため、毛穴が詰まってできるニキビとは治り方も違います。

ポコッ

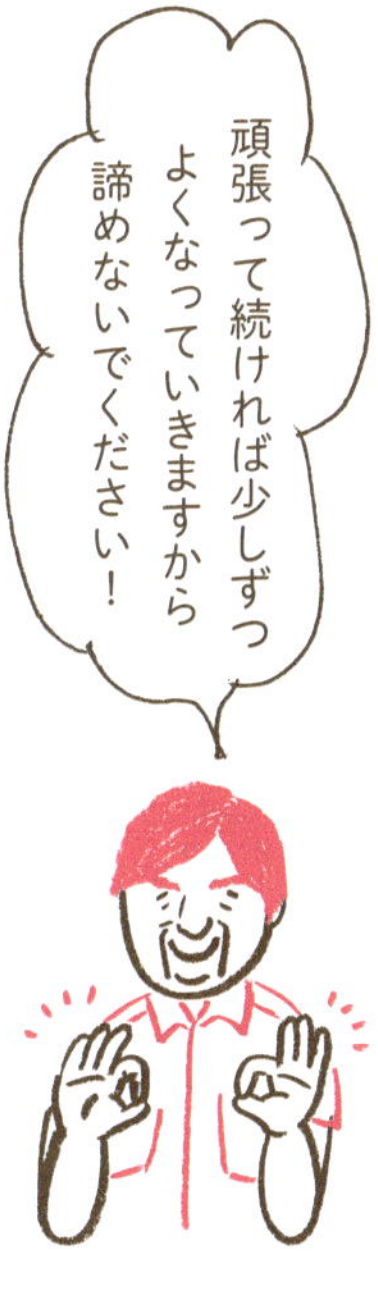
頑張って続ければ少しずつ
よくなっていきますから
諦めないでください！

吹き出物は肌の内側から盛り上がってきた老廃物の固まりなので、ニキビのように潰せません。周辺の角質を取り除くことで、吹き出物を早く表面へ出現させ取り除いていく、というのが一番の近道でしょう。

ニキビ肌のやりがちNGケア

●化粧水も何もつけない

乾燥させておいたほうがニキビが治りそうな印象があり、洗顔後、化粧水も何もつけないという方は多くいらっしゃいます。ですが古い角質が残った状態で、あまりに乾燥していると、かえって皮脂をたくさん出し、ニキビを悪化させてしまう可能性があります。

●殺菌作用の高い化粧品を使う

肌の常在菌には、必要なものもたくさんあります。殺菌系の化粧品はそれも殺してしまうので、肌バランスが崩れてかえってニキビが治りにくくなることも。また使い続けると、常在菌であるアクネ菌のほうにも耐性ができ、やがて効果がなくなります。ニキビの根本的な解決にはなりませんから、使わないほうが賢明です。

●ピーリングをおこなう

ピーリングは必要な角質まで取ってしまいますから、肌をバリアするものがなくなって、かえってニキビができやすくなってしまいます。それだけでなく、ピーリングによる刺激から肌は身を守ろうとして皮脂もたくさん分泌します。むしろニキビができやすい条件を整えているようなものです！

私も**ニキビ肌**がよくなりました！

始めた瞬間、これでニキビが治ると確信！

東京都・K美さん（24歳）

10代前半からニキビがあり、就職してからさらに悪化。顔はいつもテカテカで、脂取り紙を何枚使えばいいの!?状態。赤みが広がり、肌表面も硬くなってこわばり、怖い顔に……。本当に悲しい思い出です。初めて米澤式健顔を受けたときは、「こんなにやさしくマッサージするんだ」と感激し、**「皮脂がズルズル出てくる！」、「サッパリ〜、つっぱらない!!」**と驚き、最後は「私にはこれしかない！」と確信できました。「これでニキビが改善できる!!」と泣きそうになったことを、今でも覚えています。

息子のニキビ顔を洗ってあげました

埼玉県・N美さん（47歳）

息子はニキビがひどい肌をしていました。私自身が米澤式健顔を始めてとてもよかったのと、息子がニキビに悩む姿を見かねて、「クレンジングマッサージをしてあげようか？」と言いました。息子は反抗期で、私ともろくに話をしない状態でしたが、数日後、クレンジングマッサージをしてほしいと頼んできてそれから毎日15分、丁寧にマッサージをおこなってあげることに。最初は黙って受けていた息子ですが、さすがに15分ありますから、だんだん退屈してきたのでしょう（笑）。少しずつ、いろんなことを話すようになり、**ニキビが治ってきた頃には、すっかり反抗的な態度も治まりました**。息子に感謝もしてもらい、大変嬉しかったです。

美肌の格言

◎普通に洗っても根本解決はしない！

◎鍵はニキビ部分以外の洗い方にある

◎ニキビが治れば普通より綺麗な肌に

• 人生が変わる洗顔 •

第9章

アトピー肌

アトピーは体質だから何をやっても治らない……
と諦めてはいませんか?
アトピーなのに15分もマッサージするなんて!
と驚くかもしれませんが、コツコツ健顔を
続けたことで、徐々に、本当に徐々にですが、
よくなった人はたくさんいるのです!

治癒は無理でもかゆくならないことは目指せます

　米澤式健顔は決して「アトピーが治る」ということはうたっておりません。ですが私のサロンには、アトピーの悩みで来られるお客様が年々増えています。そして皆さん、辛抱強く洗顔を続けたところ、「かゆみが出なくなった」とか「皮脂が出るようになった」などとおっしゃられています。元を辿ればアトピーの方というのは、肌の代謝力が非常に弱いのだと思います。つまり、肌にとって不要なものを〝捨てる力〟がかなり弱いということ。**米澤式健顔は、その〝捨てる力〟を手助けする洗い方ですから、アトピーの方にも改善が見られるのかもしれません**。

　これまで何をやっても効果がなかった、という方。米澤式健顔で「よくなります」とは言えませんが、「かゆくならないこと」を目指してみませんか？　それだけでも毎日が、かなりラクになると思うのです。

今よりよくなると希望が持てるようになっただけでも幸せです

千葉県・H子さん（31歳）

生まれつきアトピー肌です。いつも❶**肌の奥がかゆく**、つい血が出るまで掻いてしまって、顔も体もかさぶただらけ。とくに夏は大嫌いでした。汗で肌がジュクジュクするからです。人前では我慢している分、トイレに行くたびに掻いてしまい、血まみれに。服にも血がついてしまい、恥ずかしいし悲しいし。もちろん日光は大敵なので、どんなに暑くても長袖を着てなるべく肌を出さないようにしていましたし、日傘に首タオルは必需品。肌が熱を持つので常に保冷剤を持って出かけなければいけなくて、辛い毎日でした。

❶

アトピーの人は不要な角質がほとんどと言っていいほど剥がれず、何層も重なっています。これがフレッシュな角質に絡みついて、剥がれたいのに剥がれずムズムズする。つまり、かゆみは角質層の一番下のところで生じているので、掻きむしってしまうのです。

就職で東京へ出ると、ストレスなのか、さらに悪化。皮膚科でステロイドをもらってつけても治らないし、どんどん効きも悪くなっていきました。化粧品は無添加もオーガニックも、何をつけても合いません。❷**超乾燥肌で、皮脂はないと思っていた**ので、顔は本当に軽くやさしく洗っていました。出かけるときは、乾燥が怖いのでワセリンを常に持ち歩いていましたし、他にも食事療法、酵素風呂、ダニ取りアイテムから蜂の針を刺すという療法まで、アトピーに効くと言われるものは何でも試したのです。が、まったくよくなりませんでした。

せっかく就職したのに、飲み会はお酒とタバコの煙で肌がかゆくなるのでよく断っていましたし、恋人ができても肌を見られたくないから日が暮れてからデートをしていました。肌の状態がひどいときは嘘をついてキャンセルしたことも。職場は私服でしたが、かゆみが出るので着られる服の素材や形

❷ 皮脂がないのではなく、分厚い角質が邪魔をして皮脂が出てこられないのです。人は生きている限り、皮脂は分泌されているもの。肥大化した角質を取り除いてあげれば、ちゃんと外に脂が出てきますよ。

状にも限りがあります。恋愛やオシャレを一番楽しみたい時期なのに……。

たまに上司が「頑張ってるね」と声をかけてくれましたが、その言葉の前には「アトピーなのに」というひと言が隠されているように思えて……性格も卑屈になっていたと思います。

❸顔はいつもゴワゴワで硬いので、目は開かないし笑いにくい。オイルで角質を柔らかくして、粘着テープで剥がして取るということまでやっていました。口角が切れて痛いから、食べるのも辛く、ストローでスープを飲むだけという食事の日も。

アトピーなのはきょうだいのなかで私だけだったので、「こんな肌に産んで」と母にひどいことを言ってしまったこともありました。少しよくなって希望を持ったところで、またすぐに元に戻って絶望する。とにかくそんな毎日が延々と続き、「自分の肌は一生このままなんだ……」と、さらに悪くなるこ

❸
アトピーの方は代謝力が弱く、古い角質が何層も積もった状態になっています。それは、ケガをした後にできるかさぶたに覆われているようなもの。当然顔を動かしにくくなりますし、動かすと痛いので笑顔も減り、人間関係に支障が出る方も少なくないようです。

としか想像できませんでした。

苦労して得た仕事も、窓口勤務に異動になったことで、お客様が私の顔を見てどう思っているのだろうと思うと耐えられなくなり、最終的に退職してしまいました。肌のせいで普通に働くこともできないのかと思うと、本当に泣けたものです。

米澤式健顔は、「洗顔で自分の肌の代謝力を取り戻す」という考えに惹かれて始めました。先生からは、「❹**アトピーのケアは時間がかかり、覚悟がいりますよ**」と説明されましたが、最初は毎日洗うたびに皮がボロボロ剝けて、粉が落ちるくらい角質が取れてびっくり。それが一段落すると、肌から脂が出てくるように。かゆみが強く辛い時期もありましたが、一進一退を繰り返しながら徐々にかゆみが出なくなり、掻きむしることも減ってラクになっていきました。本当に、かゆみが減っただけでも嬉しかったです。

❹ 角質が剝がれないことで、肌は「新しい角質はいらないんだ」と勘違いし、代謝しなくなっているのです。その代謝力が戻るまで、コツコツと角質を掃除してあげなければいけません。そして、代謝力がいつ戻るかは分からないもの。それまで挫けずケアを続ける必要があるのです。

前はストレスがあるとすぐ悪化していましたが、今は嫌なことがあった日も特段肌への影響がなくなって、とてもありがたいです。顔の状態がよくなってくると、不思議と首や体のかゆみも落ち着きました。体はすべてつながっている、ということを実感しました。

長い時間がかかりましたが、今では肌がかなり柔らかくなったので、笑いやすくなったし、目元も軽くなりました。赤黒かった肌の色も少しずつ薄くなっているし、⑤**くちびるの色も出てきました**。以前はメイクをすることなんて考えられませんでしたが、今はアイメイクもしています。夏は普通に半袖で過ごせるようにも。

休日は家に閉じこもってばかりでしたが、出かけたいときに出かけられるようになりました。汗をかきたくないから運動も避けてきましたが、1年前からテニスも開始。自分が運

❺

くちびるにも角質は積もっていますから、健顔によってこれが剥がれたことで、本来持つ色が出てきたのでしょう。またやさしくマッサージすると毛細血管が刺激されますから、血行がアップして赤みが増したところもあると思います。

動を始める日が来るとは思いもしませんでした。

　今も肌が後退することはありますが、それでも戻りが日を追うごとに早くなっています。毎日努力しているというより、❻**作り上げている、育てている、という感じ**でしょうか。以前は、将来は今日より悪くなるとしか考えられませんでしたが、今は1年後が怖くないので精神的に落ち着きました。肌の状態がよいので、人に対してもやさしい気持ちでいられます。

　もちろんアトピーは完全には治らないかもしれませんが、今は「ゼロ（普通の人の肌）に戻す」ということを目標にしています。実際、最近は人にアトピーだと告げると、「そうなの？　見えないね」と返されるようになり、自信になっています。

　アトピーの方は、自分の肌を呪わずに、できることはまだあると思ってほしいです。

---

❻ 元気な肌は、ケガをしてもかさぶたとなり、その下から新しい肌が生まれてきて、かさぶたを押し上げて剝がしてしまいます。マッサージで代謝がよくなったアトピー肌にも、これと同じことが起きています。まさに、フレッシュな肌が作り上げられていると言えるでしょう。

アトピー肌のメカニズムとよくなる過程

古い角質という暖かい毛布を取りましょう

肌細胞は常に生まれ変わっていて、古くなった細胞は角質となって剝がれていきます。アトピーの方というのは、この〝剝がれる力〟が非常に弱い。そのため古い角質が何層も積もって炎症を起こしやすくなっているうえ、その下ではフレッシュな角質が出てきたくてうごめいていますから、ひどいかゆみを生じるのです。

ここで多くの人は、「弱いから守ろう」と考えます。ですがそれは、**子供が風邪をひかないようにと何枚も毛布をかける過保護な親と同じ**。ある程度薄着にさせて鍛えないと、抵抗力も高まりませんよね？　米澤式健顔は、角質という毛布を剝がして肌の代謝力を高めますから、少なくともかゆみは改善するのだと思われます。

アトピーがよくなるまで

●アトピー肌

古い角質の下で、フレッシュな角質が出てきたくてうごめいているため、ひどいかゆみに。つい掻きむしってしまうため、これがかさぶたとなって、さらにフレッシュな角質を出てきにくくしてしまいます！

1

あまり洗わなかったり、ワセリンをたっぷりつけたりするのは、肌を甘やかす行為。守るつもりが逆に弱めることに！

2

守れば守るほど古い角質という毛布が重くのしかかり、新しい肌細胞は出てこられなくなるだけでなく、どんどん病弱になってしまいます。

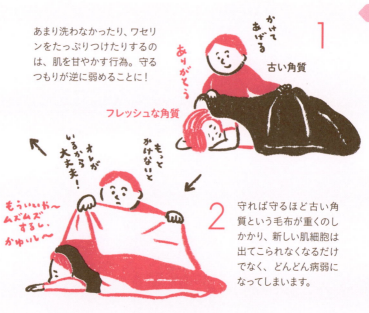

健顔をすると……

長年守り続けて分厚くなった角質を、クレンジングマッサージで少しずつゆるめて取り除きます。

不要な角質が取り除かれたことで、皮脂がどっと外に出てきます。決して皮脂がない肌質ではないのです。

不要な角質を溜めないことで、肌が自力で代謝するように。完治は難しくても、かゆみやゴワつきはかなり改善します。

健顔で古い角質を剥がしてあげることで、肌細胞は身動きがとれるように。

古い角質という毛布で守ってもらえなくなった肌細胞は、自分の力で何とかしなくては！　と、活動開始。

毛布（不要な角質）の重みから解放されたため、毛布を取ろうともがく必要がなくなり、かゆみが軽減！

アトピー肌のやりがちNGケア

●顔を洗わない

アトピーの方はご自身の肌が弱いと思われていて、そのため肌に刺激を与えないようにと、ほとんど洗顔をしない方までいらっしゃいます。でも洗顔で不要な角質を落としてあげなければ、角質層はどんどん肥大化し、下からフレッシュな角質が出てこられず、悪化する一方です。とはいえ洗浄力の強いもので無理矢理落とすのは、まだ肌にくっついているかさぶたを剝がすようなもの。やさしいクレンジングマッサージで、少しずつ、本当に少しずつ角質をゆるめて落としてあげてください！

●ワセリンをたっぷり塗る

アトピー肌の方は大抵の化粧品が合わないため、「ワセリンしか塗れない」という方が多くいらっしゃることでしょう。たしかにワセリンは肌への刺激は少ないですが、その使用感は大変ギトギト、ベトベトしていますよね。ということは当然、クリームと同様肌に蓋をして、不要な角質を剝がれ落ちにくくしてしまいます。乾燥によるかゆみを抑えたいときに塗るのは仕方ありませんが、その量はできるだけ少なめにとどめてください！

私も**アトピー肌**がよくなりました！

肌が変わると人格も変わる、と痛感

……………………………………埼玉県・E子さん（29歳）

生まれつきのアトピーです。母親が看護師で、小さい頃から病院で薬をもらってきて、しっかりと丁寧に塗ってくれていました。でもまったく治る気配はなく、むしろ大人になるにつれて、どんどん悪化していきました。つい掻きむしってしまって、全身何の傷もないというところのほうが少なくなっていたほど。大学を卒業してブライダルフォトの仕事についたのですが、「おめでたい場に、ひどい肌をしている自分なんかがいていいのかな。辞めたほうがいいのかな」と思っていました。そのストレスからか症状が悪化し、仕事を休んで入院、朝からステロイド漬け、という状態に陥ったこともありました。

その後、米澤式健顔と出会い、毎日洗顔を始めて、少しずつかゆみが減りました。以前はかゆくてよく眠れず慢性的な睡眠不足でしたが、やっと少しずつ眠れるように。ラクな日が増えてきて、肌が強くなってきていると実感できました。以前は肌のせいか、何事も前向きに考えられずネガティブな発言をすることが多かったのですが、今は考え方も前向きになったと思います。**肌の状態がよいからか気持ちも安定し、人間関係も改善**しました。肌が変わると人格まで変わる。今の自分は、以前の自分と別人のような気さえしています。

美肌の格言

◎アトピー肌は代謝力が弱い

◎肌を守ることより洗うことが必要

◎治癒は無理でもかゆみは減らせる!

人生が変わる洗顔

第10章

健顔のやり方

究極のソフトタッチだから
どんな肌にもダメージを与えない。
米澤式健顔はそんな洗顔法ですから、
やり方にも技術が必要です。
詳しいやり方を解説いたしますので
しっかり読んで、ぜひ皆さんも実践してみてください！

4つのステップで、いざ健康な肌に！

米澤式健顔には、**クレンジングクリームを用いたマッサージ→洗顔料での洗顔→化粧水をつける→乳液をつける**、という4ステップがあります。ですが不要な角質がきちんと落ち、肌が健康な状態になれば乾燥することはなくなりますから、この章でご紹介している「乳液」ステップは、最終的には必要なくなります。

またこの章で使用しているクレンジングクリーム、洗顔料、化粧水、乳液は、すべて米澤式健顔オリジナルのものとなります。これらは、15分間のマッサージをおこなっても肌にダメージがなく、かつ不要な角質だけを取り除きフレッシュな角質は残す、という目的を最大限に引き出すために、研究を重ね開発したものです。できればオリジナルを使っていただきたいと思いますが、それ以外の化粧品でおこなわれる場合は、次の点に注意して選んでください。

・**クレンジングクリーム＝肌に吸収されにくい硬めのもの**

オイルやミルクではなく、硬めのクリームを選んでください。なじみのよいクレンジング剤は、マッサージするうちに肌に吸収され、肌と指の間のクッションがなくなって摩擦が起きてしまうので健顔には不向きです。

・**洗顔料＝保湿成分を配合していないもの**

保湿成分は角質を剥がれにくくする作用がありますから、できるだけ避けましょう。

・**化粧水＝保湿系ではなく肌を引き締める系のもの**

肌は自力でうるおいますから、本来化粧水すら必要ないのですが、米澤式健顔ではクレンジングでゆるんだ毛穴を引き締めるために使用しています。

・**乳液＝サッパリタイプ**

ベタつかず、サラッとした薄づきのものを選んでください。

それでは次ページから、実際の健顔の仕方を見ていきましょう！

Step 1

クレンジング

時間：5〜15分（すすぎ時間を除く）　タイミング：夜

米澤式健顔において最も大切なクレンジング。クレンジングクリームを顔全体に広げやさしくマッサージすることで、不要な角質がゆるみ無理なく剥がれます。そのやさしいタッチについて詳しく解説していますので、しっかり習得しましょう！

広げる

クレンジングクリームを手にとったら、おでこ、鼻の頭、両頬、あごの5ヵ所に均等にのせます。これにより、偏りなく広げることができます。

量はこれくらい

1回に使うクレンジングクリームの目安は、サクランボ2つ分くらいです。

2

頬

まずは頬からスタート。内側から外側へ、4本の指で肌が動くか動かないかくらいのタッチの圧を意識しながらクルクルとマッサージしていきます。

力加減と触れ方が重要！

米澤式健顔で最も大事なタッチの圧や触れ方を確認しましょう。正しくおこなわないと、肌を傷めてしまいます！

NG

指がピンと反ると、必要以上に圧がかかってしまいます。

NG

指先だけだと、圧が分散されず肌を傷めてしまいます。

皮膚が動かないくらいのソフトなタッチでおこないましょう
触れるのはこの部分
OK

親指以外の4本の指の第2関節まで使いましょう。

3

おでこ

手を内側から外側へクルクル回しながら、おでこの中央からこめかみへとマッサージしましょう。シワやニキビが気になる人は、とくに入念に。

4

フェイスライン

やはり内側から外側へと手をクルクル回しながらマッサージを。耳の下やあご先も漏らさずしっかりおこなってください。

5

鼻

小鼻の周囲は人差し指のサイドを合わせてクルクルと。鼻筋は中指、人差し指、薬指を合わせて上下させます。鼻の両サイドは、中指と薬指を当てて上下させましょう。

6

口元

米澤式健顔はくちびるもマッサージします。手を横にして、左右にマッサージしてください。法令線もクルクルとマッサージを。

7

目元

クマやちりめんジワを改善するには、目元の汚れもしっかり落とさなければなりません。目の上側、下側をそれぞれ、やさしく左右にマッサージして。

8

洗い流す

洗い流すときはぬるま湯で。お湯とクレンジングクリームを混ぜ合わせるように、手を回しながら、丁寧に洗い流してください。

クレンジングQ&A

Q クレンジングを続けていたら肌が赤くなってきたのですが……?

A それはマッサージのときの圧が強すぎたか、同じところばかりをマッサージしすぎたためだと思われます。米澤式健顔のクレンジングクリームは、アトピーの方でも使えるほどマイルドな作りですから、クリームが合わなくて炎症を起こした、という可能性は低いと思われます。肌を綺麗にしたい！　という気持ちは分かりますが、強すぎるマッサージはかえって肌を傷めてしまいますので、気をつけましょう。

Q 15分以上マッサージしてもいい?

A クレンジングマッサージの目安は5～15分です。それ以上やるとフレッシュな角質まで取ってしまいますよ。いくらソフトタッチといってもやりすぎると肌を傷めてしまいますから、15分まででやめるようにしてください。

Q お風呂でクレンジングマッサージをしてもいいですか?

A クレンジングマッサージは、手と肌が乾いた状態でおこなってください。浴室の中でおこなうと、湯気や汗でクレンジングクリームの成分が変化したり、溶けてしまうことがあります。浴室の外でクレンジングをおこなってから、浴室に入って洗い流すのが効率的でよいのではないでしょうか。

Q メイクをしなかった日もクレンジングの必要はありますか？

A 肌は毎日生まれ変わり、不要な角質を生み出しています。米澤式健顔はメイクだけを落とすものではなく、この不要な角質を落ちやすくするものでもありますから、メイクをしなかった日も、夜はきちんとクレンジングマッサージをおこなってください。

Q アトピーやニキビで炎症を起こしているときもおこなって大丈夫？

A 炎症を起こすということは、肌に不要な角質や皮脂などの汚れが溜まっている証拠。この汚れを落とさないと、反対に炎症が悪化してしまいます。もちろん注意は必要ですが、炎症を起こしている部分もそっとクレンジングマッサージしてかまいません。菌のエサとなっている汚れが取れて、治りも早くなるはずです。

Q ウォータープルーフのマスカラやアイライナーも落ちるんですか？

A 目元はメイクをしっかりのせる場所なので、アイメイクリムーバーなど目元専用のクレンジングアイテムを使って落としている方も多いようですが、米澤式健顔のクレンジングクリームは角質や皮脂汚れをゆるめて浮かせるもの。強力なマスカラといえども、表面にくっついているだけのものですから、当然ゆるんで浮いてきます。別途、クレンジングをおこなう必要はありませんよ。

Step 2

洗顔

時間：**1分以内**（すすぎ時間を除く）　タイミング：**朝・夜**

洗顔は、クレンジングマッサージで浮かせた不要な角質を落としきるために不可欠です。米澤式健顔の洗顔は、先に泡をつくらず顔の上で泡立てる、短時間でおこなうなど、一般の洗顔とは違いがあるのでしっかりと確認してください！

潰す

クレンジング後の濡れた手の平の中央に、洗顔料をのせます。新たにお湯などは加えず、押し潰してください。

量はこれくらい

1回の洗顔に使う洗顔料の量は、大きめのパール1つ分ぐらい。

広げる

続いて、洗顔料を手の平全体に広げます。このとき泡立ててしまわないよう注意！　そっと塗り広げるような感じを意識してください。

全体

手の平全体を使って、頬からおでこまで大きくクルクルと素早く回し、しっかり泡立てます。この泡立つ過程で、肌の上の汚れが吸着されしっかり取り除かれるのです。

目元

目の上側、下側それぞれに指をのせ、左右に2～3回往復させます。指先だけでなく手の平全体を動かすと、目元にかかる負担が減ります。

5

鼻

中指と薬指を、鼻のサイドで2～3回上下させ洗います。次に片手の人差し指、中指、薬指を鼻筋に当て、やはり2～3回上下させてください。

6

口元、おでこ

おでこと口元は片手で、大きくクルクルと数回回しただけでOK。洗顔料を顔にのせてからここまで、1分以内に収めるようにしましょう！

7

洗い流す

1分くらいかけて、丁寧にすすぎます。頬の外側の髪の生え際は洗顔料が残りやすいので、顔を傾けて洗い流すようにしてください。

洗顔Q&A

Q クレンジングだけじゃダメ？ なぜ洗顔も必要なのですか？

A クレンジングクリームは不要な角質をゆるめて浮かせてはくれますが、それを洗い流しただけでは、浮いた角質はまだ肌の上にたくさん残っているのです。洗顔は剥がれた角質をしっかり落としてくれるものですから、必ずおこなってください！ またクレンジング後にお風呂に入られる方は、先に髪や体を洗って、最後に洗顔をおこなってください。

Q クレンジングと同様、洗顔も長く丁寧におこなったほうがよいのでは？

A クレンジングで、肌にくっついていた汚れはすでに浮いています。ですから洗顔では肌を強くこすらずとも、さっとなでるだけで充分に落ちるのです。何より洗顔料は、界面活性剤を含んでいるものが多くあります。肌へ長くのせてよいことはありませんので、できるだけ手早く洗うようにしてください。

Q クレンジングマッサージの後に洗顔すると肌がピリピリします

A 実はこのように言われる方は少なくありません。この場合、クレンジングマッサージの圧が強すぎて肌を傷めているか、洗顔の時間が長すぎるか、どちらかがほとんどです。

Step 3

化粧水

時間：2〜3分程度　タイミング：朝・夜

肌を引き締めるためにつける化粧水。米澤式健顔では、少量ずつ3回に分けてつけるのが特徴です。

1

頬〜全体

化粧水を手の平に広げ、頬や鼻など顔全体に入れ込むように、ピタピタとやさしく叩き込んでください。

量はこれくらい

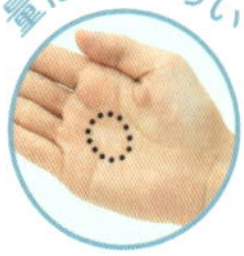

1回に使うのは10円玉くらいの少量。これを3回取り出します。

2

おでこ〜口

片手でおでこや口にピタピタと入れ込んで。写真のように手を横にすると、おでこや口に密着しやすくなります。

3

フェイスライン

両手で包み込むようにピタピタとやさしく叩き込みましょう。口元は、手を横にすると入れ込みやすくなります。

触れ方が重要！

手の平全体を使って、しっかりと化粧水を押し込みましょう。

触れるのはこの部分

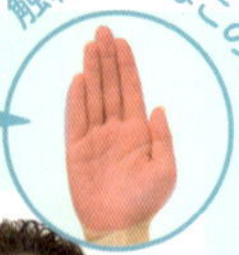

NG

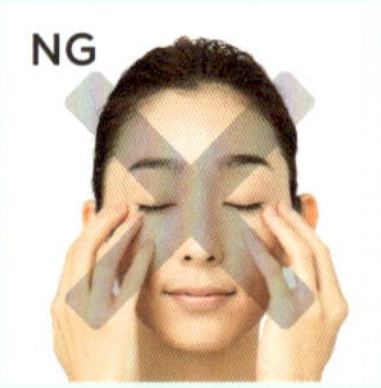

指先だけでつけようとすると、化粧水がこぼれてまんべんなく入れ込めません。

NG

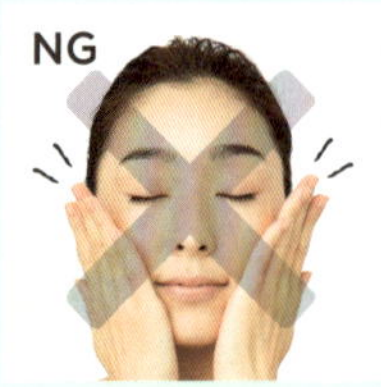

指を反らしてしまうと、どうしても強くパッティングしてしまい肌を傷めます。

OK

手の平全体を密着させると、化粧水が飛び散ることなくしっかり入り込みます。

化粧水Q&A

Q やはりたっぷりつけたほうが肌がしっとりしそう……

A 肌に化粧水がきちんと入るかは、つける量ではなくつけ方が大事です。これまでの章でもお話ししたように、上からいくらバシャバシャ水分をつけたところで、肌の中へは浸透していきません。手の平全体でしっかりと押し込まなければ、ただの化粧水の無駄遣いになってしまいますよ！

Q しっとりタイプの化粧水ではダメなのですか?

A しっとりタイプの化粧水には油分がたっぷり含まれています。何度もお伝えしてきましたが、油分は古い角質を肌に貼りつけてしまいます。せっかく米澤式健顔で角質を取ったのに、その後にまた剝がれにくくするものをたっぷりつけたのでは、まさに本末転倒です！

Q 毛穴を引き締めたら皮脂が出にくくなるのでは?

A 〝引き締める〟というと、毛穴をキュッと塞ぐ印象を抱かれる方も多いかもしれません。でも引き締めるというのは、ゆるんで開いた毛穴を、本来のサイズに戻すということです。決して毛穴を塞いでしまうわけではないので、皮脂が出てこられなくなる心配はありませんよ。

乳液

時間：30秒程度　タイミング：乾燥が気になるとき

冬など乾燥が気になるときは、乳液で保護しましょう。あくまで保護のためなので、つけるのはごく少量に抑えて。

量はこれくらい

パール１粒程度。ほんのちょっとですが、これで充分なのです！

1

目元、口元

取り出した乳液を指先に広げ、目元をやさしくタッピングしてください。頬に手の平をのせると、目元への圧が強くなりすぎません。唇にもつけましょう。

2

全体

他に乾燥が気になる部分がある場合は、新たに乳液を足さず、残った乳液をつけ、最後に手の平全体で顔全体を軽くタッピングして。

乳液Q&A

Q 少量すぎると乾燥します。たっぷりつけてもいいですか？

A 肌が健康で、不要な角質がきちんと取れている状態なら、肌自体がうるおっています。乳液をつけても乾燥するのは、まだ肌が健康に戻りきっていないからでしょう。その場合は量を増やしてもかまいませんが、肌力の回復に合わせて少しずつつける量を減らしていってください。不要な角質をきちんと取り続けていれば、最終的には少量の乳液すらも必要なくなるはずです。

サロン、研修会、HPの動画で健顔を学んで下さい！

健顔プロセスについてさらに詳しく知りたいという方は、米澤式健顔のホームページ内に動画を掲載しておりますので、ぜひご覧ください。またサロンに来ていただければ、直接細かい技術をお伝えすることができます。習得していただければ肌悩みの改善スピードも早まると思いますので、〝お肌教室〟のような気分で気軽に足を運んでいただけると嬉しく思います。

http://www.yonezawashiki.co.jp

COLUMN　子供さんにこそ洗顔の大切さを教えてください！

私は、肌トラブルを抱えている方の改善はもちろん、肌が綺麗な方にもさらに綺麗になっていただきたくて、米澤式健顔を生み出し、その洗い方を多くの方にお伝えしてきました。ですがここへきて、新たな問題が起こってきていることに気づきました。それは、**子供の肌トラブルの増加**です。本来子供というのは代謝の王様。肌トラブルとは無縁のはずなのに、7～8歳の成長期の子ですら肌荒れを起こすことが増えてきたのです。その原因は、間違いなく洗顔不足と思われます。そこで私は、子供の洗顔について警鐘を鳴らすべく、ここに特別にコラムのページを設けさせていただきました。

昨今は紫外線が肌に悪いということが知れ渡り、親御さんたちは、幼い子供にも日焼け止めを塗るようになりました。それは悪いことではないのですが、問題はその後です。**塗るだけ塗って、落とすことはきちんとやっていない**のです。そのため、活発に細胞が入れ替わる年代の子供ですらきちんと代謝ができなくなり、ニキビなどのトラブルを抱えるようになったものと思われます。

米澤式健顔は、5歳以上の子供にならおこなっても大丈夫です。日焼け止めをつけた後は、面倒でも、親御さんがクレンジングマッサージをおこなってあげてください。また、日焼け止めも何もつけていないならクレンジングは必要ありませんが、それでも現代は空気中に様々な汚れが飛散しています。これらが肌に貼りついていますから、洗顔料での洗顔だけはおこなってほしいと思います。

幼いときに代謝力を落としてしまいますと、大人になってからアトピーを発症してしまう要因にもなりかねません。そうなると、毎日が本当に大変になってしまいます。

私は、**毎日歯磨きをおこなうのと同様に、毎日の洗顔も習慣にしてほしい**と思っています。**肌トラブルを抱えると、人生を変えることもありえます**。子供さんの将来のためにも、洗顔がどれほど大切か教えてあげていただきたいのです。

米澤式健顔で他にもこんないいことがあった！

この本では、肌トラブルとしてご相談の多い、乾燥、たるみ、シワ、毛穴、シミ、大顔、ニキビ、アトピーの8つをメインに、その改善エピソードをご紹介させていただきました。ですが、もともとそういった悩みの改善目的で私のサロンに来られたところ、「こんな改善までついてきた！」ということが起こっているお客様がたくさんいらっしゃいます。なかには毎日様々な方の肌に接している私たちですら驚くようなケースもありますので、ここにぜひご紹介させてください。

米澤式健顔がすべてのトラブルに効くとまでは言いませんが、これを読んでいただければ、諦めていたトラブルも改善するかも……と思ってもらえるのではないでしょうか。

▼〝自称敏感肌〟から〝強い肌〟に変わったのが嬉しい！

神奈川県・M子さん（46歳）

刺激の少ない化粧品を使わないと肌がピリピリするので、ずっと敏感肌だと思っていました。健顔を始めて2ヵ月ぐらいしたときのこと。突然外泊をすることになりコンビニで売っている化粧品を使ったのですが、平気でした！　それまでは不要な角質がうまく剝がれず、その隙間に化粧品が入ってしみていたようで……。先生によると、私のような〝自称敏感肌〟はとても多いんだそう。以前は、髪の生え際がよく粉をふいていたのですが、それも洗顔不足なだけだったようで、健顔を始めたらピタッと止まりました。本当の私の肌は、実は強かったようです!!

▼一重になるほどたるんでいたまぶたが、パッチリ二重に戻った！

東京都・Y子さん（53歳）

もともとはパッチリ二重だったのに、乾燥が気になってアイクリームを塗り続けたからでしょうか。油が溜まり、歳とともにどんどん腫れぼったくなって、それが下がり、ぼってり一重に見えるように！　もう整形するしかないか……と悩んだことも。それが米澤式健顔で油が抜け、今や二重！　かつて一重になって悩んでいた頃を知る友人と久々に会ったら、顔を見るなり「あっ、二重になってる！　肌も綺麗になってる！」とビックリされました。最初は乾燥が気になって始めた健顔だったのに、思わぬ副産物でした！

▼洗顔のついでに首もクレンジングしていたら、美肌ならぬ美首に

静岡県・A子さん（37歳）

15分のクレンジングマッサージの後、ただ洗い流してしまうのが何かもったいなくて、首にもつけてマッサージしていました。そうしたら首の横ジワが薄くなり、鎖骨の上部分の毛穴も目立たなくなりました！　顔の肌はもちろんですが、首が綺麗になるとさらに若く見えます。30歳過ぎてからは首元が気になって、あまり首が開いた服は着なくなっていたのですが、首のマッサージを始めてからはVネックをよく着るようになりました。今度は手の甲もマッサージしてみようと思っています。

目のクマだと思っていたものは、何と汚れでした！

愛知県・S子さん（31歳）

昔から目のクマがすごくて、コンシーラーが手放せませんでした。米澤先生のサロンを訪ねたら、「それは汚れです」と言われてびっくり。クマができやすいくらいだから、目まわりの皮膚が弱いんだろうと思って、アイクリームをたっぷりつけたり、目まわりだけ水洗いにしていたことが原因だそうです。実際、数回健顔をおこなったところ、あっさり白くなりました。目元が明るくなると、こんなにも印象が変わるのかと思うほど健康的に。とても嬉しいです！

78歳の母の、くちびるの縦ジワが消えた！

群馬県・N美さん（43歳）

久しぶりに会った78歳の母の、くちびるの縦ジワが深くなっていてビックリ。「何その縦ジワ!!」と思わず言ってしまったら、母は「もうおばあちゃんだから仕方ない」とションボリ。それを見て切なくなった私は、その夜、母にクレンジングマッサージをおこなってあげました。そしたら「あ〜、すごくシワが浅くなっている！　口も動かしやすいし喋りやすい！」と大喜びしてくれました。以来、毎日くちびるのマッサージをおこなっているようで、今はシワはまったくありません。ただ法令線とかちりめんジワはしっかりあって、他もマッサージしたらいいのに、と思うのですが……。

▼ある日、肌からジャリッとガラス片が……

神奈川県・T子さん（50歳）

健

顔歴3年半。いつものようにクレンジングをしていたら、肌からジャリッとガラス片が出てきました。それは目に見えるか見えないかの小さなものでしたが、手触りから明らかに角質とは違う硬いものだと分かりました。実は私は数年前に自動車事故に遭い、そのときガラスで顔を傷つけてしまった経験があるのです。米澤先生から「肌は不要なものを溜め込む」と聞いてはいましたが、まさかガラス片も溜め込んでいたとは……。固形のものすら溜め込むのだから、液状のものはもっと簡単に溜め込め

ますよね。クリームをつけていた時代が、心底恐ろしく感じられました

▼テカテカ丸顔の夫がイケメンに。米澤式健顔は男性にこそお勧めです!

千葉県・I子さん(49歳)

昔はシュッとしたイケメンだった夫ですが、寄る年波には勝てないようで、顔は丸くなり、皮脂分泌も増えテカテカ。「昔は中井貴一みたいだったのに……」と遠い目をして思い出していたものです。そんな夫が、私が毎晩健顔をやっているのを見て、「俺もやろうかな」と気軽に一緒にやり始めたんです。すると脂が抜けてみるみる顔がスッキリしていき、皮脂バランスも整ったのか、テカリも治まりました。昔とまったく同じとは言わないものの、かなり中井貴一に近いところまで戻ってきました! 考えれば米澤式健顔は油溜まりを抜いてくれるものだから、皮脂分泌が多い中年男性こそ効果が高そうですよね。脂ギッシュな男性を見るたびに、みんな健顔をしたらいいのに……と思ってしまいます。

妹は米澤式健顔と出会い、幸せな人生を過ごさせていただきました

米澤式健顔スタッフ　山本和子

妹のことをお話しさせてください。

私には8歳離れた妹がおりました。小さい頃から娘のようにかわいがってきましたので、妹のニキビのことでは大変心配をしました。

もともと妹はお肉が好きではなく、乳製品も一切食べなかったので、ニキビとは無縁だと思っていました。ところが高校を卒業した頃、ニキビができ始めたのです。何をしても治らず困っていたとき、某美顔教室を紹介され通い始めました。妹は治したい一心で毎日まじめに通っていたのですが、そこの治療は、ニキビを潰して膿んでいるところをえぐり取るというものでしたので、痛みが治まらず、氷で冷やして泣きながら帰って

きた日もありました。またその美顔教室では、ニキビを潰した後、脂状のものを詰めるので、布団や枕に脂がベットリついて、洗ってもなかなか落ちず大変でした。私はやめるように言ったのですが、「治るかもしれないので頑張る」と言って続けておりました。

そうして1年くらい経った頃、「家で洗ってはいけない」と言われていたのですが、妹は顔を洗ったのです。なんと、顔じゅうに穴がボコボコと開いていたのです。あまりのことで、毎日泣いておりました。

その日から、新たな戦いが始まりました。というのもその穴から、新しいニキビができてくるのです。夏は汗をかくので、一日に何回も顔を洗うため、真っ赤に。冬は顔がひび割れ状態となり、一年中泣いていました。皮膚科にも通いましたが、ひどくなる一方で、手の打ちようがありませんでした。すると妹はあまりの辛さに、アメリカに行って皮膚移植を受けたいと言い出したのです。私は絶対にやめるように言いましたが、だからといってどうしようもなく、２人で泣いていました。

その頃、米澤式健顔を紹介されたのです。ニキビができ始めてから5年経った頃で、もう藁にもすがる思いでした。

先生からは、「今まで見た中で一番大変な状態だ」と言われたそうです。妹のニキビ跡がただ凹んでいるだけでなく、奥は広がっているのに入り口は狭いため、マッサージをする手が角質の溜まっているところになかなか届かなかったようです。でもその日以来、米澤式健顔のことが頭を離れたことはなかったようです。すぐには治らなくても、希望を持てたことが、妹には何より嬉しいことだったからです。以前は話をしようとすると、「私の顔を見ないで」と言い、その心中が分からず喧嘩したこともありましたが、健顔に出会って妹は気持ちも落ち着いてきたようでした。

数年後のある日、先生から「代謝を上げるため海に行って日焼けしてきなさい」と言われ、妹は逗子の海岸まで行って焼いて帰ってきました。それほど治したい一心でした。焼いたその日に先生にマッサージをしていただきましたが、洗顔後の洗面器を見ると、代謝した角質で一杯でした。びっくりしたものです。それだけの角質を私は初めて見ました。翌日もマッサージを受けに行き、私も同行したのですが、風が吹くと妹の顔からは角質が剥がれ落ちるので、電車で隣に座った親切なおじいさんから「早く薬をおつけなさい」と言われたほどです。でもそれから、先生のマッサージを受けるたびに、凹状だった肌が徐々に崩れていき、よくなるスピードも上がったようです。周囲からも、「よくなってよかった」と言われるようになりました。そのとき初めて、「今まではかわいそうで顔の話はできなかった」と言われ、笑ったものです。妹が顔の話を笑ってできるようにしていただいたことに、感謝以外の言葉は見つかりません。

その妹は2年前に病で亡くなりました。ですが遺影で笑う妹は、普通の人とまったく変わらない肌で、幸せそうでした。私事で恐縮ですが、自分の人生を180度変え、未来を明るくしてくれた米澤式健顔を一人でも多くの人に発信したいと、銀座にサロンを開いた先生の傍らで命をかけて頑張った妹の話をさせていただきました。妹のように、この本を読んでくださった方が救われることを願っております。

米澤先生と妹・純子。

おわりに

最後までこの本を読んでいただき、ありがとうございました。本音を言いますと、米澤式健顔の肝である「究極のソフトタッチ」は非常に繊細な技術を要しますから、本ではなく、一人一人にきちんと施術をおこないながらお伝えしたいところです。が、如何せん銀座の小さなサロンですから、なかなかそれは叶いません。

その代わりと言ってはなんですが、私たちは全国各地で健顔技術をお伝えするセミナーを開催しております。セミナーなら指のタッチの具合をきちんと確認しながらお伝えできますから。米澤式健顔を始めたい方だけでなく、エステなどを経営されていて米澤式健顔を取り入れたいと思われている方も、ぜひ習いに来ていただけたらと思います。実を言いますと、銀座のサロンのスタッフも、9割はサロンやセミナーに来ていたお客様なのですよ。

43年間、〝落とす美容〟の普及に邁進してきた私ですが、現在の目標は、この米澤式健顔の技術を伝えてくれる後進を一人でも多く育てることです。ですから友達に教えたいというお客様はもちろん、サロン経営者、私のサロンのスタッフになりたいという方は、ぜひご連絡をください。私たちはどこへでも応援に参りますから。

米澤房昭

米澤式健顔サロン

東京都中央区銀座 5-4-7 マックスマーラビル 9F
☎ 03-5568-5052
（初回専用ダイヤル☎ 03-5568-5054）
営 11:00 ～ 20:00
（土・日・祝は 18:00）
休 月曜日
料 フェイシャル初回・技術者￥4000（有効期限3ヵ月の5回回数券￥15000）、首￥2000、技術者当日キャンセル料￥1000（すべて税別）
※初回の方は、すべて技術者の施術となります。
※上記料金にはマッサージの際に利用する基礎化粧品代が含まれます。
※現在、米澤先生の指名は受け付けておりません。
※初回は施術・カウンセリングで、約 50 分です。
http://www.yonezawashiki.co.jp

オリジナル化粧品

1. クレンジングクリーム 100g ￥5000
2. ウォッシングフォーム 100g ￥4500
3. スキンローション 120ml ￥3500
4. ミルクローション 120ml ￥4500（すべて税別）

※サロンで直接、あるいはお電話やホームページで購入可能です。
※初回お申し込みのお客様に関しては「代金引換」のみのご対応とさせていただいております。
※通販をご利用の場合、商品の到着は1週間程度の予定です。送料が別途かかります。

米澤房昭（よねざわ・ふさあき）

1945年熊本県生まれ。化粧品会社勤務を経てサロンを開業。顧客の肌に向き合って編み出した独自のテクニックと理論が評判に。乾燥やシワ、たるみのような加齢による悩みから、ニキビやアトピーなど深刻な肌悩みにまで結果を出し、全国からサロンに通う人も。また、女優やヘアメイクアップアーティストなどにも多くのファンがいる。1999年、銀座にサロン「米澤式健顔」として移転。著書には、『米澤先生に聞く、肌のホントのことウソのこと55』（ハースト婦人画報社）、『大丈夫、あなたの肌は必ず変わる。』（宝島社）などがある。

STAFF

モデル　殿柿佳奈
ヘア&メイク　斉藤節子
イラスト　仲島綾乃
デザイン　後藤奈穂
写真　伊藤泰寛（本社写真部）
編集協力　山本奈緒子

講談社の実用BOOK

人生《じんせい》が変《か》わる洗顔《せんがん》

顔《かお》を洗《あら》うだけの銀座《ぎんざ》の小《ちい》さなサロンが
14万人《まんにん》の肌《はだ》をきれいにしたシンプルな方法《ほうほう》

2017年11月29日　第1刷発行

著　者　米澤房昭《よねざわふさあき》

発行者　鈴木 哲
発行所　株式会社 講談社
〒112-8001　東京都文京区音羽2-12-21
編集　☎03-5395-3529
販売　☎03-5395-3606
業務　☎03-5395-3615

印刷所　大日本印刷株式会社
製本所　株式会社国宝社

ISBN978-4-06-299886-4